阅读是最浪漫的教养

李伟文　双胞胎AB宝／著

一位教养专家给双胞胎女儿的32份浪漫生活清单

北方妇女儿童出版社

图书在版编目（CIP）数据

阅读是最浪漫的教养 / 李伟文，双胞胎AB宝著. —
长春：北方妇女儿童出版社，2012.12
ISBN 978-7-5385-6954-4

Ⅰ. ①阅… Ⅱ. ①李… ②双… Ⅲ. ①家庭教育
Ⅳ. ①G78

中国版本图书馆CIP数据核字（2012）第263079号

本书经野人文化股份有限公司授权出版，由台湾家西文化事业有限公司代理

吉林省版权局著作权合同登记号 图字：07-2012-3928

阅读是最浪漫的教养

作　　者　李伟文　双胞胎AB宝
出 版 人　李文学
责任编辑　熊晓君
版式设计　陈　珊
开　　本　700mm×980mm 1/16
字　　数　218千字
印　　张　17.5
版　　次　2013年3月第1版
印　　次　2013年3月第1次印刷

出　　版　北方妇女儿童出版社
发　　行　北方妇女儿童出版社
地　　址　长春市人民大街4646号
　　　　　邮编：130021
电　　话　总编办：0431-85644803
　　　　　发行科：0431-85640624
网　　址　http://www.bfes.cn
印　　刷　三河市文通印刷包装有限公司

ISBN 978-7-5385-6954-4　　　　定价：32.80元

……我往往梦见在最后审判那天，那些伟人，那些行善之人，都来领取皇冠、桂冠或永留青史的荣耀等奖赏的时候，万能的上帝看见我们腋下夹着书走近，便转过身，很羡慕地对圣彼得说："等等，这些人不需要奖赏。我们这里没有任何东西可以给他。他们一生都爱读书。"

——摘自 伍尔夫 《普通读者》

推荐序

给孩子最好的礼物：亲子对话与共读

——洪世昌（台北市立图书馆馆长）

当子女进入青春期，亲子关系的疏离是很多父母面临的挑战，正忙于事业冲刺的家长，与被学业压得喘不过气的子女，极容易抱怨彼此的不体谅与不了解。李伟文医师与其双胞胎女儿——AB 宝的亲子交换日记，可以作为亲子“对话”的典范，他除了在睡前溜进女儿房里的口语聊天对话，也针对女儿的阅读日记与女儿进行文字的对话。在对话的价值之外，“三明治”式阅读的教养方式，成就了 AB 宝兼顾学业与生活的可贵之处，通过文字、影片、音乐三种素材的亲子共读、共赏与心得分享，李医师给了孩子最好的礼物，它不是考上令人称羡的高中名校，而是一种带得走的能力，一种能够通过自主阅读而学习与判断思考的能力。

阅读书，也阅读生活与心灵

——冯季眉（台湾国语日报社副社长）

教出会读书、会生活、会思考的孩子，是很多父母的期待。但是，谈何容易！

伟文工作忙碌，却懂得找时间、找方法，带孩子爱上阅读。他对阅读信念坚定，但手法温柔，使得亲子共读能够自然而然、其乐融融；不仅共读文字书，还一起阅读自然、阅读电影、阅读各式各样的生活与心灵……

用“阅读”作为教养手段，使教育理念真正融入生活；伟文与双胞胎女儿AB宝现身说法，让我们切实了解这一切是如何发生的。

谈教养，也可以是这么甜美浪漫！

——陈美儒（亲子教育家、建国高级中学资深名师）

阅读、阅读好书一直是台湾地区的教育部门近年来十分热烈推广的一项重要活动。所以，你会在报纸上看到，有小学校长为鼓励学生阅读而亲自扮演唐老鸭，为小朋友朗读寓言故事。通过新闻媒体，你会发现好多中小学、图书馆，每学期都在颁奖、送礼物给阅读、借书最多的同学。

然而在李伟文医师和AB宝的亲子交换日记里，我却惊喜地发现，他竟然巧妙地将阅读化为亲子沟通的桥梁，更充满柔情地把它变成最浪漫的亲子教养。

说来好笑，认识李伟文医师是在书店的亲子书架上。我方才知道这位既是牙医师又是执笔亲子专栏的作家，竟然还是拥有一对双胞胎女儿的爸爸。

AB宝，一对今年各自考上北一女和中山女高的双胞胎，她们每周的读书心得、生活杂感，生动、纯真地表达了十六七岁少女的心底话语。再加上伟文爸爸的回应和十分特别的“浪漫生活清单”，成为本书最大的特色与架构。

看着AB宝少女情怀、天真烂漫的文字，与这位开明、爱读书，既不死板也不老梗的伟文爸爸的回应，还真是人间家庭的稀世美味。更让我不禁想起，多年前，当我女儿刚进入中学的第一天，为了跟她“谈心”，我就决定为《北市青年》每个月以书信方式写信给女儿，一篇三千字的专栏，内容涵括对学业、对师长、同侪人际交往、如何分辨究竟是友情还是爱情、遇到被误解、受了委屈又该怎么办……尽是现实生活中的点点滴滴，但痴嗔怨怒、有喜有忧，全然掺杂在其中。

没想到，推出不到几个月，《北市青年》的编辑部竟收到了近百封青少年的热烈来信，甚至连着好几年，一直是《北市青年》问卷调查中最受欢迎的专栏。

如今，女儿早已长大，目前正在国外研究所攻读博士学位。不过我仍始终执笔这个专栏，因为我珍惜和每个青春儿女心灵交会的机会。

过去二十多年，我写作出版了三十多部亲子教育的书籍和录音带、DVD，近年来则致力经营语文学习、“悦”读十三经和国学常识的著述。不过，每个月还是有许多出版社，要我为他们即将出版的亲子教养书撰文导读与推荐。我发现举凡跟亲子有关的书籍，百分之八十仍来自国外的译本。难道是我们本土的亲子专家不够权威受人信任、没有卖点？抑或是国外的教养思维真的比较新颖、更具说服力？

很高兴，在尚未见到《阅读是最浪漫的教养》书稿之前，我早已被这位建中毕业，充满热情，身兼牙医、作家、环保志工的李伟文医师的文字所吸引。

放眼望去，亲子书领域的作者，执笔者几乎全是妈妈。而李伟文却是万红丛中一点绿，十分难得的爸爸作家。书中除了他一贯流畅轻松的文笔之外，还可以深刻地感受到这位现代爸爸对孩子无微不至的呵护，其实隐藏在背后的，却是对许许多多与他女儿同龄的少年男女，面对人生哲理、生命存在意义的潜移默化、暗暗牵引。

这本书跟一般教养书最大的不同是，篇篇都有AB宝的亲身体验与想法，两个青春少女文笔之优美清丽，实在让我这个在建中红楼任教国文逾三十年的老师颇有“惊艳”之叹。更有那伟文爸爸的轻快笔调、幽默巧思，他的浪漫生活清单从听音乐、看好书、看电影、看日剧到旅游、逛夜市，交织出父女三人最甜蜜的心灵对话。

我认为亲子教养，最忌讳条列朱子家规似的来训人，也不必勉强每天非要读几篇文章、做多少数理演算题，才算是好学生、乖孩子。

我愿全力推荐李伟文医师这本新书给天下的父母、儿女，因为它其中包含的二十五个典范人物，加上八十本书目和五十部影片，可以说，就是送给每个成长中孩子的最佳礼物，更提供了爸爸妈妈与孩子喜悦共享的亲子平台。

原来，阅读是最浪漫的教养；谈教养，也可以是这么甜美浪漫！

伟文这一家人，教养不是谈假的！

——薛荷玉（《联合报》教育版记者）

从小我就梦想有一天能到远方去探险，体验不同的风土人情。但年纪渐长，我发现，精彩的“探险”往往不在异域远方，而是推开一扇与我家不同的家门。

推开门，我看到，有人连在家进晚餐都西装革履，也有人家的餐桌铺着报纸，用纸碗、纸盘、免洗筷；推开门，有人一家老小都穿着全套睡衣、睡袍，也有人家崇尚天体。你家、我家、他家，竟有这么大的不同。

去年一个湿冷的冬夜，我开车上新店山区，拜访李伟文一家所住的文蕴居，就是一趟奇妙的探险。这家里的客厅没有电视、没有沙发，只有一张像乒乓球桌般的大桌，AB 宝各据一角，中间层层叠叠堆满了书。

伟文说，孩子一回家坐的位置，决定他们的高度。显而易见，AB 宝回家后，如果不坐在餐桌，或躺在床上，就只能坐在书桌前。于是，功课总在晚餐前就能做完，余下的时间，她们勤于阅读、写作，两天就能看完一本厚厚的新书。

AB 宝吃过晚饭，说想用投影机看克莉斯蒂的白罗探案影片，于是我跟伟文进书房做访谈，没一会儿，我出来倒热水，发现AB宝已关了投影机，我问为什么？她们竟答这影片太长，看完会超过十点的就寝时间，所以不看了。这样小的年纪，就这般自制、自律，让我好生惊讶。

后来我还知道，她们姊妹从小就学会规划周六、周日的作息，早上几点起床、几点练扯铃、几点读小说，都按表操课，这下子，我的惊讶更深了。

伟文得意地笑说，他从小是童子军，“最高明的团长绝不需要亲手生火、搭帐篷，只要靠在折椅上抽烟斗就行了。”

平日我采访教育新闻，看到不少空有梦想，却无法负责任去实践的孩子，常为他们感到惋惜。他们想奋发向上，好好去学一门学问或是技艺，但却无法督促自己。跟老师、老板、客户好不容易约好了，却因前一日晚睡而迟到；做到一半就嫌累、嫌热、嫌钱少，坚持不下去。

自律的习惯是要从小养成的。AB宝就是我看过最能自律的孩子，我想，只要有这份精神，无论做什么都能成功。

难得的是，我原以为伟文是军事管理出的自律。但AB宝却没有一点被威权管教的影子，她们也会甜蜜蜜、孩子气地搂着伟文撒娇；睁着清澈晶亮的眼眸，要我讲述去丹麦哥本哈根采访峰会的故事。她们读的书很多，却没有文艺少女的故作老成、愤世嫉俗，真不容易。

AB宝都是漂亮的小女生，但身上穿着的全是双胞胎表姐送给她们的二手衣。我问她们，不喜欢逛街买新衣服吗？她们说，逛街太麻烦了，而且，表姐给的衣服都很好，有些几乎是全新的。客厅里就有两袋表姐刚拿来的衣服。我对这对小姐妹的佩服更深了，伟文夫妇教孩子教得真好。

不少婚姻专家的婚姻失败，教养专家教出的孩子一蹋糊涂。但李伟文谈教养，却不是讲假的，AB宝真有教养，有礼、健康、开朗、简朴，而且充满好奇心，贪看她们读书、说话、打球的青春模样，让我舍不得离开。

跟这一家子挥挥手，文蕴居的门在我身后关上。我想着，这门看来真是一扇普通的门呀，门后的人事景物却再奇妙不过！

·推荐序

——洪世昌（台北市立图书馆馆长）

给孩子最好的礼物：亲子对话与共读…… 001

——冯季眉（台湾国语日报社副社长）

阅读书，也阅读生活与心灵…… 002

——陈美儒（亲子教育家、建国高级中学资深名师）

谈教养，也可以是这么甜美浪漫！…… 003

——薛荷玉（《联合报》教育版记者）

伟文这一家人，教养不是谈假的！…… 006

·作者序

那些孩子教我的事！——李伟文…… 019

埋怨没有用，记住“很棒的事”就对了！——A 宝…… 022

我很幸福！谢谢大师，也谢谢你们！——B 宝…… 024

·妈妈的心声

教养真的可以浪漫吗？——AB 宝妈，柯蕴慧…… 026

Contents

Part. 前言

· 如何引导孩子进入阅读世界？ ································· 002

学龄前——孩子看不懂没关系，从亲子共读中传递陪伴孩子的“爱”！

- 为什么要亲子共读？念故事是为了跟孩子说话！
- 如何挑选绘本？从能感动自己的开始！
- 我很忙，可不可以用听录音带来取代？
- 故事讲完要分享或讨论吗？

上学后——让书无所不在，让孩子跟我们一起爱上阅读！

- 父母要以身作则，千万别让看书变成对孩子的惩罚！
- 营造情境式学习：把家里变成图书馆，增加孩子翻书、阅读的机会！
- 用故事启发孩子对知识的热情！
- 阅读让孩子得以探索隐藏版的自我，也观照辽阔的世界。
- 要怎么帮孩子选书？“有趣的”优先考虑，世界名著等爱上阅读之后再看！
- 生命教育要能真的感动孩子；针对年龄，选择有情境、能解决孩子疑惑的书。

· 从阅读到写作——将想象力和创造力落实的最佳工具………… 013

· 创造力和想象力，必须从面对生命的态度开始。
· 分集的日剧是终极法宝，孩子想看就得问！
· 会发问＝有思考基础，下一步就是写下来！

· 上网＝阅读？！——网络讯息搜寻与阅读书本有什么不一样？… 018

Part.1 爸爸，我们为什么要读书？

[学习] 投资自己，活出更快乐的未来………………………… 022

为什么要学习？为什么要读书？

【浪漫生活清单】

● 书：《爱・生活与学习》《九路公交车》《筑梦的手纸屋》《圆梦的手纸屋》《亲爱的安德烈》

● 影片：《春风化雨》

[考试] 在磨炼中找到人生的正解……………………………… 028

如樱花般为盛开而努力，在乎的是过程！

【浪漫生活清单】

● 日剧：《东大特训班》

● 音乐：《樱花》（森山直太朗）

[放轻松] 逛夜市，饮食学问大……………………………… 036

小吃天堂凑热闹的满足之旅

【浪漫生活清单】
- 影片：《芭贝特之宴》
- 日剧：《甜心小厨师》
- 活动：逛夜市

［节奏］看画展、听讲座，考试暂时摆一边……………… 042
从容的生活步调就是“美学”！

【浪漫生活清单】
- 影片：《交响情人梦最终乐章》
- 活动：几米、高更画展，音乐欣赏讲座

［压力］永不止息的考试压力……………………………… 049
成功的反面，不是失败，而是放弃！

【浪漫生活清单】
- 书：《牧羊少年奇幻之旅》
- 影片：《深夜加油站遇见苏格拉底》

［自学］阅读达雷尔，吸一口自然的芬芳………………… 056
带得走的能力比学历重要！

【浪漫生活清单】
- 书：《希腊三部曲》《现代方舟 25 年》

［起飞］发榜后的天空……………………………………… 062
“放空”，为下一个阶段作准备

【浪漫生活清单】
- 书：《如果能长大该多好》《异类》《拒绝联考的小子》《陪你走中国》《看不见的大猩猩》
- 日剧：《医龙》

Part.2
家人，我们最亲密的伙伴！

［爸爸］我们的美好时光！ …………………………………………… 070

顽童爸爸的浪漫计谋＝看书、看电影、看日剧

【浪漫生活清单】

- 书：《郎朗：我用钢琴改变世界》《盖茨是这样培养的》
- 影片：《喜宴》《和你在一起》《多桑》《小孩不笨》
- 日剧：《父女七日变》

［想当年］让家人陷入幸福回忆的老事物 ……………………… 076

一条丰富生命意义的时光隧道

【浪漫生活清单】

- 书：《我们没疯，一起回到 1900 年生活吧！》
- 影片：《幸福的三丁目》《艋舺》
- 旅游：万华百年老街

［朋友］朋友是给自己的礼物！ ……………………………………… 082

会争吵、会调侃，也有会心的问候

【浪漫生活清单】

- 书：《人生一定要有的八个朋友》
- 影片：《投名状》
- 日剧：《交响情人梦》《Code Blue 救护直升机医生》《考试之神》《东大特训班》《司法研习八人组》

Part.3
阅读生活，阅读人生！

[经典] 替人生存点美好、存点希望………………………………… 090

该如何阅读经典名著、电影？

【浪漫生活清单】

- 书：《汤姆·索亚历险记》
- 音乐：*As Time Goes By* *Shall We Dance*
- 影片：《梁山伯与祝英台》《北非谍影》《国王与我》

[付出] 每个人心里都住着小王子………………………………… 097

点燃生命的热情与温暖

【浪漫生活清单】

- 书：《小王子》
- 音乐剧：《小王子》
- 影片：《狐狸与我》
- 旅游：小王子博物馆（日本）

[成长] 是神话，也是现实人生………………………………… 105

出发、历险、返回，每个青少年成长必经历程

【浪漫生活清单】

- 书：《波西·杰克逊》《西游记》《封神榜》

[奉献] 德蕾莎以非凡的爱，做平凡的事！ ………………… 113

可有可无、多余的 VS 不想失去、不可或缺的

【浪漫生活清单】
- 书：《一条简单的道路》《爱的喜乐》《陈树菊：不凡的慷慨》
- 影片：《德蕾莎修女》
- 音乐：《或许爱》

[壮游] **那些为孩子奔走的人**……………………………… 120

带着爱心去旅行，让自己的生命变得不一样！

【浪漫生活清单】
- 书：《三杯茶》《石头变学校》《在天涯的尽头，归零》
《亲爱的小王子》《旅行箱的故事》
《我们——走进青海、新疆、甘肃充满爱的角落》
- 影片：《香料帝国》

[追梦] **五月天，改变世界的摇滚乐**……………………… 127

音乐，是心灵流浪与独白的媒介！

【浪漫生活清单】
- 音乐：五月天、披头士、ABBA 合唱团，古典音乐
- 影片：《屋顶上的小提琴手》

[实践] **虽然傻，但是活得兴高采烈**……………………… 133

真正的热情是要一头栽进去的，苦与乐都是享受！

【浪漫生活清单】
- 旅游：垦丁公园、梅花鹿复育区

[志向] **记者，独行者的时代视野**………………………… 140

志向需要机缘、磨炼与信心才会发光！

【浪漫生活清单】
- 书：《失去非洲的犀牛》《追猎蓝色巴尔干》
- 影片：《大特写》
- 日剧：《顶级女主播》

[挫折] 卓别林，在搞笑中深思！ …… 147

笑中带泪、迎向灿烂明天的摩登时代

【浪漫生活清单】

- 书：《秘密》
- 影片：《摩登时代》《恶魔教室》《美丽人生》

[勇气] 比放弃更困难的选择 …… 153

找到坚持的动力，跨越苦难与障碍

【浪漫生活清单】

- 书：《手斧男孩》《星星婆婆的雪鞋》
- 影片：《为爱活下去》《楢山节考》《正负2度C》《百战天龙》

[价值观] 做自己人生的英雄 …… 160

胜利是一时的，成为有用的人更重要

【浪漫生活清单】

- 书：《教育应该不一样》《做自己与别人生命中的天使》《总裁狮子心》《御风而上》《虎妈妈的战歌》
- 影片：《英雄教育》

[真实与虚伪] 楚门的世界，真与假的界线 …… 167

隐私权＝尊重别人不想公开的权利

【浪漫生活清单】

- 书：《1984》《认识隐私》
- 影片：《楚门的世界》《全民公敌》

[谎言] 真实的与善意的谎言 …… 174

选择沉默就能不说谎

【浪漫生活清单】

- 书：《发痒的天赋》《红楼梦》

• 影片：《王牌大骗子》

[倾听自己] 不赶时尚做自己 ………………………………… 179

穿着 PRADA 的人生选择题

【浪漫生活清单】

• 影片：《穿着 PRADA 的恶魔》

[气度] 破解不可能的通天神探 ………………………………… 185

真相是时间的女儿，比历史课本还精彩的推理小说

【浪漫生活清单】

• 书：《狄公案》《福尔摩斯》《时间的女儿》
《昆虫侦探》《生态小侦探》《纳米猎杀》《危机当前》

• 文章：《为徐敬业讨武曌檄》

• 影片：《狄仁杰之通天帝国》

[生命志业] 动机不同，态度与品格也不相同 ……………191

“愿意聆听的心”与“微笑”是最好的灵药！

【浪漫生活清单】

• 书：《守护 4141 个心跳》《小孤岛大医生》

• 影片：《心灵点滴》《急诊室的春天》
《救命病栋 24 小时》《Code Blue 救护直升机医生》

• 新闻：医师 A 健保

[斗士] 失败也是生命的礼物 ………………………………… 197

“他们”用不完美的身体证明拥抱生命的态度！

【浪漫生活清单】

• 书：《汪洋中的一条船》《人生不设限》
《五体不满足完全版》

• 影片：《力克・胡哲演讲》《贺特二人组》

[正面看待] **他不是没教养，只是大脑生病了！** …………… 204

当特殊的孩子被贴上“坏孩子”标签

【浪漫生活清单】

- 书：《看着我的眼睛》《星期三是蓝色的》《运动改造大脑》
- 影片：《马拉松小子》
- 日剧：《Mr. Brain 脑科学先生》

[理想] **孔子，一位幽默宽厚的老师** …………………………… 209

忙碌一辈子，心愿竟如此简单！

【浪漫生活清单】

- 书：《一次读完论语最精华的智慧》《孔子的生活智慧》《论语别裁》
- 影片：《孔子》

[历史] **你愿意生在哪个时代？** ………………………………… 215

阅读历史必备的武功秘籍

【浪漫阅读生活清单】

- 书：《我是宋朝人》《宋词是一朵情花》《最美不过诗经》《隋乱》

《开国功贼》《最风流醉唐诗》《明朝那些事儿》《最是元曲销魂》

[地球的未来] **假如人类消失了？** ………………………… 222

这不是恐吓！人类、地球究竟该如何共存共荣？

【浪漫生活清单】

- 书：《没有我们的世界》《从摇篮到摇篮》《群》

《塑料：有毒的爱情故事》

《失控的进步》

- 影片：《瓦力》《人类消失后：重生后的地球》
- 新闻：2011 年 3 月 11 日日本大地震

[城市的未来] **什么样的城市可以让生活更美好？** ……… 229

参观世博＝环游世界，看馆、看物、看人都是学习

【浪漫生活清单】

- 书：《好城市，怎样都要住下来！》
- 旅游：上海世界博览会

·后记

只要有书，我就满足了！——我的阅读之旅——李伟文…………… 236

·跋

一场意外的生命之旅！——李伟文……………………………… 242

·附录

给孩子的浪漫生活清单……………………………………………… 244

那些孩子教我的事！

——李伟文

跟有孩子的老朋友相聚时，往往聊着聊着不小心就聊成“爸爸经”，有时兴高采烈，有时又互吐苦水。有一次，在长庚医院任职的高中好友忽然感叹：“记得我们小时候父母亲好像完全没有时间管我们，我们还不是长得都还不错，那么我们现在究竟需不需要花那么多心力在孩子身上呢？”

此话一出立刻引起热烈的讨论，最后大家的结论是：“需要的，在这个时代若像我们的父母亲那样不管孩子的话，孩子真的会长得不太好。”因为时代的变迁，除了愈来愈复杂，诱惑愈来愈多，竞争也愈来愈剧烈，现在的社会的确不太容易能够安安静静照着自己的步伐，依着自己的速度慢慢学习与成长。

可是，若是必须“管”孩子，又该怎么管？

我看到不计其数的家长“管”得很认真，却管出许多亲子问题，搞不好还真的不如放牛吃草来得好呢！那么“管跟不管”之间，该如何拿捏呢？哲学家叔本华曾经讲过一个寓言：在寒冷的冬天里，一群冷得发抖的豪猪挤在一起取暖，它们发觉被彼此的刺扎痛，但是分开之后又觉得冷，在经过无数次的进进退退之后，这些豪猪终于发现了能够彼此取暖，又不致扎痛对方的安全距离。

我相信每个家长都是爱孩子的，也愿意为孩子付出一切的努力，可是我们的确也必须在时代变迁与孩子不断成长的蜕变历程中，学习如何与他们相处，学习找到最舒适的方式陪伴他们，就像那群进进退退的豪猪一样。

三年多前，在我双胞胎女儿小学毕业前，我整理了陪伴她们十二年的心得，出版了《教养可以这么浪漫》，获得许多回响，甚至远在厦门大学任教的一对夫妻也表示他们是因为看了这本书，才有勇气决定要生小孩的。

其实陪伴孩子最大的挑战，是他们成长的速度很快，一年两年对为工作而忙碌的大人来说是一眨眼的事，可是对孩子而言，单单一年两年的变化，从外观到内在，几乎是截然不同的生命样貌。

如何找到适当的工具持续陪伴着孩子长大？这本《阅读是最浪漫的教养》就是在我女儿中学念书的三年里，我与她们一起思考与对话的内容。

在与众多爸爸或妈妈的交流中，我发现那些亲子关系不错的家长，大都很享受与孩子互动的过程，甚至会兴高采烈地发表他们从孩子身上学到的东西。

的确，从孩子爬行、学步、童言童语中，我们不只跟着孩子一起回溯生命的成长，还通过孩子的眼光，重新看见我们失落的那个世界。到了孩子进入学校，尤其进入青春期之后，就更好玩了，不像之前父母亲居于掌控主导孩子生命的角色，而是慢慢转变成跟孩子对话，甚至可以从孩子身上获得一些启示。

比如说，这些年来，我不知是有意还是无意，生活变得没有规划，虽然还是一样忙碌，可是几乎都是随缘、随性，被机缘推着走，甚至常常逃避一些该做的事，压力大时反而不顾一切地看武侠小说或推理小说。但是B宝的生活始终是按部就班，每天或每周拟好的计划一定准确执行，比如原先预定周日下午爬山，我们看看天色阴沉似乎会下雨，想说就不要出门了，但是B宝是“既然已经决定了，就一定要做”。她照表操课的执行力与意志力，是身为老爸的我自叹弗如的。

另外，A宝从小就有“大姐头”的架势，非常关心体贴别人。她手腕上有一个疤痕是小时候被妹妹咬的，虽然偶尔会展示给朋友看，借此消遣一下妹妹，但是A宝从小就非常照顾妹妹，也很体贴别人，比如说外婆假日住到山上来看看外孙女，若不巧碰到她们段考或模拟考整天忙着K书没空管理人，A宝往往会在就寝前特意到外婆房间喃喃咕咕聊个半小时才上床睡觉。

我也常常在与她们一起看书、看电影或旅行之后的讨论中，有不少的收获，我相信这种亲子心灵交流的时刻不见得会耗费忙碌的大人太多时间，也绝对不必花多少钱，只要我们有心，任何人应该都能做得到，只要我们找到适当的工具与准备适当的情境，就可以达到同样的效果。《教养可以这么浪漫》与《阅读是最浪漫的教养》这两本书就是我怀抱着野人献曝的心情将我们家庭生活的真实情形与读者分享。

当然，能够有这本书，全得归功于《联合报》主编康锦卿小姐，因为她邀约AB宝在《联合报》为中学生所出版的《好读周报》里写专栏。每周必须交稿的压力，让AB宝在略显苍白的初中生活中，得以探出头来探索这个世界，我也才能够陪伴着她们有了这些父女的对话。

也非常恭喜《好读周报》在2011年8月获得世界报业协会（WAN，全世界一百多个国家的报纸媒体组成的国际性组织）所颁发的特别奖“年轻读者奖”（也是历来台湾唯一获奖的报纸）。评审对《好读周报》的评语是：把创新思考应用到帮助年轻读者阅读，在新闻专业报道和读者创作的内容之间，找到难以掌握的平衡，持续关心教育，也帮助学生学习认识及反思新闻，并且协助学生提升写作能力。

两年多以来，AB宝的专栏能在这份获奖的刊物中代表中学生呈现她们这个阶段年轻人的所思所想，身为父亲的我也“与有荣焉”。希望这本书能够对中学生，以及想了解中学生，或想与中学生对话却不知从何着手的父母师长，提供一点点的帮助，这样，才能弥补我内心的不安！

埋怨没有用，记住“很棒的事”就对了！

——A 宝

这本书，集结了我和妹妹每个礼拜刊载在《好读周报》“交换日记”的专栏文章，记录着初中岁月、学校生活、课外活动、自我探索的历程……很多人会认为，我们的初中生活轻松快乐、没有压力。没错，我们的初中生活是过得精彩快乐，但是在考试为重的教育体制下，同样必须面对沉重的升学压力。曾经，在模拟考后我信心全毁，眼睛整整肿了两天；曾经，看着被参考书、考卷环绕的书桌，升起想放弃的念头。是书、电影把我抽离出苦闷悲观的旋涡；是“交换日记”，提供了我宣泄的出口，帮我找回一点一滴流失的自信。

我们经常被问到“你们怎么会有这么多时间看书、看电影？你们是如何规划的？”对于时间的安排，我也是在不停地摸索。初一、初二，每天一定空出一个小时给自己，看看课外书、弹弹琴，充足了电，隔天再出发；每到假日，也一定会排出一个时段看电影。到了初三，评估自己没有明显的特异功能后就认命读书，阅读课外书的时间几乎都贡献给了备考。不过，每到假日仍会安排与家人爬山、看电影。“交换日记”在初中岁月为我们留下了精彩的记录。感谢爸妈在我们小的时候把电视捐了，因此多了许多阅读时间，同时增添了投影机，为我们营造了美好的电影时光。爸妈从不要求我们成绩好，始终只关心我们有没有困难。他们通过书和电影的情境，向我们传达丰富的人生观，为我们创造了充满回忆的初中三年。

整日抱怨教育制度、埋怨考试是没用的，因为那是我们不能改变的，我们能掌握的是对生活的安排和态度。不管未来的体制如何，都要不断充实自我。这是初中三年我学到的最宝贵的一课，也是一直努力实践的目标。

通过纸笔记录我们成长的足迹，是很棒的事。最后，希望你能跟我们一起享受这些感动。

我很幸福！谢谢大师，也谢谢你们！

——B宝

“干吗要写作者序？我看书常常跳过序言。”我一直哀号，但爸爸说：“序可以让读者明白写书的目的，应该以什么心态阅读，以及阅读完这本书大概会有什么样的收获。”基于上述理由，我只好开始动笔……

就像许多作者常说“我只是一个平凡人”。我也应该如此开头，不是为了谦虚，而是这样才能反映真实的自己。为什么要出书？为什么别人要来阅读一个只有十五岁的作者不成熟的文字？不是我的故事精彩，也不是我的文字高妙，而是我很幸福！

有太多太多路径让我接触大师、与经典相遇，怎么可以不和大家分享？书中是我和姐姐在初中时期的生活记录，有一小部分是学校生活，最主要想分享的是充实的课外活动！我爱《牧羊少年奇幻之旅》中的一句话：“幸福就是欣赏周遭的奇妙景观，不要忘了汤匙里的两滴油。”“汤匙里的两滴油”代表课业，如果你想要了解如何念书，那么赶紧放下这本书，因为有很多书专门教导如何读书。而且念书是自己的修炼，要通过自己摸索。如果你已经能轻松看守住“汤匙里的两滴油”，那么请继续阅读。这时候就该好好看看“周遭奇妙景观”为生活创造的不一样的风景！

吴祥辉先生说，只要记住“旅行、阅读、运动”，往后再回头看看这段生命必能无悔。阅读不只是读书，还可以读电影，从书和电影中又可以读人生。阅读也是最经济、实惠的旅行，更可跨越疆域、横渡时空，能与大师相见，比和电玩主角厮杀更珍贵难得。

如果这本书能让你和大师、和经典相遇，那么便不会愧对那些让我与大师、与经典相遇的人。谢谢他们，也谢谢你将感动慢慢传递。

妈妈的心声

教养真的可以浪漫吗？

——AB 宝妈，柯蕴慧

有些朋友想了解我们家教养现场的第一手资料，会好奇地问："教养真如伟文所说，可以这么浪漫吗？"如果浪漫是全家会跟着文字、影像一起感动；是面对喜悦的事，可以分享快乐；是面对挫折，可以彼此加油打气。那"教养一定要浪漫"！

记得孩子十岁的时候，班上的亲师恳谈会，老师要家长分享教养心得。多数的家长热切地讨论如何督促孩子课业，我只想到孩子已经十岁了，能留在身边的日子或许就只有再一个十年，还是赶紧疼她们、爱她们吧！学习是孩子一辈子的课题，如果为了孩子的课业成绩而破坏家人间的和谐，日后我一定会后悔的。所以"教养非要浪漫不可"！

熟识的亲友都知道伟文浪漫的个性，也质疑伟文说得多、做得少。他经常被我揶揄，帮孩子换尿片的次数，两个孩子加起来只有一次，还是因为受了朋友的鼓噪才表演的。虽然孩子学龄前，伟文像是个观察员，但是我知道日后在亲子的关系上，他大有可为。伟文退伍到"空总"服务，假日就到小区童军团当团长，原本安排带"小狼"，但是他的个性、身高和小一、小二的"小狼"始终有距离。后来换到带初中团的童子军，伟文就如鱼得水了，他经常拍照、写信鼓励队上的孩子。现在，青少年期的AB

宝像是伟文的朋友、情人，常常一脸倦容的伟文，回家看到孩子就变得神采奕奕。教养孩子，父母也要找到自己觉得舒服、浪漫的位子吧！

到底什么是“浪漫的教养”，是带着孩子到五星级饭店旅游吗？是带着孩子到高档的餐厅消费吗？这是浪费而不是浪漫。物质愈多，反而愈不可能真正浪漫。大家还记得谈恋爱的时候吗？回想年轻的时候，真正留在记忆里的，是两个傻瓜骑着摩托车到天涯海滨追逐落日，是在雨中散步谈心、唱情歌，这些事儿都是不太花钱的。物质总会消耗掉，精神层次的回忆才会长久。父母能留给孩子、鼓励孩子的，就是一些温暖与浪漫吧！

教养孩子在规则的收放间，的确很难拿捏。但可以肯定的是“浪漫”的教养，亲子关系一定不会变坏。希望看完这本书的读者，不要拿自己的孩子和别的孩子比较，那对亲子关系是很具杀伤力的，把力气用在创造属于你们的“浪漫”上吧！

最后，这本书的产生，真的要感谢《好读周报》的康锦卿主编，她“浪漫”地支持两个面临升学压力的初中生长期记录生活轨迹，还不时传来鼓励的分享；也因为周报，我们全家有了更宽阔的话题和视野，纾解了孩子考试的压力。也要感谢“野人”出版社，给了我们家三个“荒野人”献曝的机会。

Part. 前言

· 如何引导孩子进入阅读世界？

· 从阅读到写作
——将想象力和创造力落实的最佳工具

· 上网 = 阅读？！
——网络讯息搜寻与阅读书本有什么不一样？

如何引导孩子进入阅读世界？

自从我和蕴慧当了父母之后，我们的教养重点任务之一，就是培养孩子喜爱阅读的习惯。

学龄前——孩子看不懂没关系，从亲子共读中传递陪伴孩子的“爱”！

AB 宝出生没多久，蕴慧就开始抱着她们进行亲子共读，一直持续到上小学她们自己会拿着书看为止。现在问她们是不是记得小时候的事情，说实在的，她们在幼儿园大班以前所有的记忆都非常模糊，若记得，也是通过相片或我们跟她们述说的。

为什么要亲子共读？念故事是为了跟孩子说话！

如果孩子童稚时代的一切都将忘记，那么父母亲花费那么多心力值不值得呢？

答案是值得的，因为亲子共读不是为了学习知识，而是大人通过绘本和婴儿说话，让他们感受到爱，这是一种心灵的联结，更是全家共享的快乐时光。

孩子可以感受到父母语调中的爱，以及依偎在怀中那种温暖甜蜜的感觉。

如何挑选绘本？从能感动自己的开始！

因为绘本的故事是由父母亲念的，所以这个故事必须是父母亲很喜欢，会被感动的。不要只因为别人推荐或这本书得过奖就选用，因为别人喜欢的我们不一定会有共鸣，我们自己感动得稀里哗啦的，别人可能一点感觉也没有，所以一定要挑一些我们读再多次自己都喜欢的故事。

市面上好绘本那么多，一定可以找到这类的书。因为孩子感受能力很强，**当我们念着真心喜欢的故事时，那种感动的能量会传递给孩子，让孩子在潜意识中体会到阅读真是生命中最美好的时刻。**

同时要注意绘本故事不能只用眼睛去看，也要用耳朵去听，因为看与听的节奏感是不同的，有的故事看起来很流畅，可是念起来却很怪，这样的文笔就不适合共读。

另外，绘本就是图书与文字合成的书，因为孩子看不懂文字，当我们一次又一次念着故事时，他们就是盯着图看，因此绘本的图像美感非常重要。有一位日本儿童教育专家，也是资深的出版人就曾经这么表示："孩子气的传统婴儿图画书，反而不适合作为婴儿的启蒙图画书。"他认为应该挑选的画是正确而写实的，换句话说就是有层次、有明暗的艺术创作。甚至他明白地表示："迪士尼卡通图画是失去质感的沉淀色彩，毫无生气的。"

的确，让孩子在听故事之余，也可以同时学会欣赏美好的艺术创作不是很好吗？

我很忙，可不可以用听录音带来取代？

曾经有科学家做过实验，发现学龄前的孩子听父母亲念跟听录音带，效果完全不同。当我们把孩子抱在怀里，彼此肢体、眼神有互动时，我们念出来的声音对孩子才有意义，不然即便是高传真的录音设备，对孩子而言，也只如同街上的车声，是背景噪音而已。

所以，若要共读，就真的陪着孩子一起享受这段时光，而不是通过录音带来打发孩子的时间。

故事讲完要分享或讨论吗？

等到孩子上幼儿园后，亲子共读会更有趣，因为孩子会有很多的反应，也许还会问我们问题。

有很多妈妈常常在念完故事之后，会加上一段评论，顺便训诫一下孩子："你看小熊都会自己整理东西，不像你玩具都乱丢！"我们身为父母千万要记得：讲故事就讲故事，不要附带太多的解释与教训，或者顺便批评指责孩子。这样一来共同享受快乐的气氛马上就荡然无存了，重要的是让孩子在无形中感受"阅读是快乐的"，才能为下一阶段"自己阅读"奠定美好的基础。

如果父母念完故事真的想讲点什么的话，最多分享自己的感受或自己类似的经验就好，同时，还是要记得不要逼孩子讲自己的感想或心得。如果孩子自己愿意讲最好，不想讲也不要勉强，因为每个孩子语言表达的发展情况不一样，**我们要相信即便孩子不会表达，但是好的故事一定能带给他很多的感受，这些经验可以让他在成长中慢慢沉淀与转化。**

上学后——让书无所不在，让孩子跟我们一起爱上阅读！

让孩子养成一生阅读的好习惯，只要大人辛苦两三年就能实现的，尤其以开始有能力阅读文字的小三、小四最为关键，这个关键时间一旦错过，以后要培养就会更辛苦、更不容易了。

但是要如何开始？如何让孩子喜欢？这需要等待机缘，没有机缘，对孩子来说反而会变成压力。

记得 AB 宝小三时，还不大肯看文字书。这时我刚好发现九歌儿童书房出版了一本双胞胎故事的小说，就买回家送给女儿，AB 宝立刻被吸引了。这就是所谓的机缘：让孩子先爱上一本书，爱到等不及读完就急着想和人分享，这书就会成为触媒，带领孩子找到下一本书、下一本书，再下一本书。

接着，就要乘胜追击，我把九歌儿童书房的小说一一买回家。AB 宝因为看完生平第一本纯文本书，对自己有了信心，马上又连着看了三四本。**其实，孩子都爱书，大人唯一要做的就是等待机缘、创造机缘，然后为他们挑到一本“对的书”。**

父母要以身作则，千万别让看书变成对孩子的惩罚！

近十年来，全世界各个国家都深深了解到阅读能力的重要，所以积极推广儿童阅读运动，这些年在台湾也是如此，从都市到偏乡，从山上到海滨，都有许多怀抱热情的故事妈妈，以及来自企业或大学的志工到各个小学陪伴孩子阅读，各级教育体系也使用很多奖励办法来鼓励孩子多读书，这些努力虽然达到了某些效果，但是大部分的活动就只是活动，无法养成孩子长期且自发性的阅读兴趣。

因为这些活动都是在学校发生，是课程的一部分，当孩子回到家之后，若家长没有在生活中示范，让孩子感受到阅读真正的兴趣，那么学校的活动可能就会像放烟火一样，一闪即逝。

假如父母整个晚上都在看电视，却叫孩子进房间读书，或者孩子不乖闯祸了，父母的处罚是：“进房间读书，三个小时不准看电视。”孩子无形中就会认为读书是处罚，是痛苦的，于是就会离书本愈来愈远了。

像我家在孩子出生之后就把电视机送走，家里没有电视机之后，多出了很多亲子互动、亲子一起学习的机会，全家人也可以安静地进入书中的美好天地。

若是孩子从小就看见父母有空就陶醉在书的世界里，然后家里也有适合他们年龄阅读的有趣书籍，不必我们“推动”或用言语训诫，孩子就会跟着我们爱上阅读。

营造情境式学习：把家里变成图书馆，增加孩子翻书、阅读的机会！

养成孩子阅读习惯很重要的条件是，在孩子的日常生活范围中有书，不管是班上的班级图书馆，或是住家旁边的公立图书馆，或者是把家里变成有很多藏书的图书馆。

心理学的研究不断地证明人是情境的动物，我们的行为反应会随着所处时空与场景氛围而改变，若以更长的时间来看，人的性格甚至外貌形体也会随着我们生活的环境而改变。换句话说，人可以选择环境甚至改变环境，可是一旦住进去之后，环境就会反过来改变我们，这也就是建筑学大师莱特所说的“人塑造环境，环境塑造人”。

因此，让孩子的生活环境中充满了书，是“让孩子爱上阅读”非常简单、非常有效的方法。

环境除了我们看得见摸得着的实体空间之外，我们每天所接触的讯息，我们的生活、我们的文化，也都是环境的一部分。人真的很难逃脱环境的影响，除非我们能非常自觉地察知我们与环境的关系，并且通过阅读或真实体验来建构对另一种生活的想象，那种憧憬我认为是超越环境限制的唯一力量。

这就是阅读可以改变我们人生的原因，因此若是我们想让偏远乡村或文化刺激不足地区的孩子减少城乡差距，培养孩子的阅读习惯是最有效、也是耗用资源最少的投资了。

除了公家或学校的图书馆藏书要增加，同时想办法增加学生的使用率之外，如果父母经济能力许可的话，尽量要多买书，至少要帮孩子准备他自己的书架，上面摆放的不是教科书而是他喜欢的小说，当然若是可能的话，这个图书架能扩大成书房，或者把家里的空间都摆满了书，像是图书馆一样，那就更棒了。

像我家除了没有电视机，也没有酒柜或沙发椅，只有一个像图书馆那样超大的阅读桌（乒乓球桌般大），四周都是书墙，孩子回到家里就是端坐在桌前看书。

有人会说为什么要买书，反正书可以从图书馆借，干吗花钱买？我觉得建立属于每个人自己的藏书有两个目的：一是任何值得看或自己喜欢的书，一定有重读的必要，最好随时摆放在自己身边；二则是有些好书目前或许没时间读，但是我们想看或值得我们看，这些书若没有时时刻刻出现在我们的生活范围内，在视野所及之处，阅读的机会当然就少了许多。

尤其孩子进入青春期之后，多多少少会有点叛逆。往往我们愈要他们做的事，他们愈不想做，我们愈是推荐他们看的书，他们愈是排斥，所以我建议千万不要勉强他们，只要悄悄地准备一些有趣的书或希望他们看的书，随意置放在餐桌旁、玄关上，或厕所里，反正要让家里四处都是书。现在的书封面都设计得很吸引人，书名也取得很有创意，孩子总有穷极无聊或无所事事的时刻，他们或许就会随手拿起来翻阅，若是其中一句话，或一段故事引起他们的兴趣，或许就这么一头栽入书中的动人世界了。

用故事启发孩子对知识的热情！

我们常会抱着学龄前及刚刚学着认字的孩子在怀里，给他们讲解亲子共读绘本与图画书，通过那些充满想象的故事让孩子认识世界。

可是，似乎没有多久，随着孩子上学后评量与测验卷愈来愈多，我们要求孩子坐在书桌前背诵许多知识，并且力求没有错误，好让孩子可以填上正确的标准答案，获得高分。

据说曾经有个研究生问爱因斯坦："听说期末考的题目是考古题？"这位最伟大的科学家回答说："没错，跟去年一样。"当研究生高兴地转身离去时，爱因斯坦又补充了一句："题目一样，但是答案不一样。"

的确，科学的精神在于解释，给一个好的、合理的说法，而不只是单纯的知识堆积。所谓解释就是设法替我们观察到的现象赋予意义，其实也就是给一个合理或好玩的故事。

必须通过故事来启发孩子对于知识的热情，在生动、有趣且生活化的故事引领下，知识不再是令人恐惧的必须背诵、考试的数据。甚至当孩子习惯这种将每个观察到的现象编出一个合理的故事时，无形中就培养出孩子真正的科学精神，也能让他们跳脱只追求一个标准答案的僵化思考，培养孩子想象与创造的能力！

我们也可以通过故事引起孩子对科学探索的好奇心，其实只要有了强烈的动机，一切该具备的知识，孩子自己就会去寻找。

由好奇引发的学习动机是最有效且最持久的，就像有位作家曾说：

“如果你想造一艘船，不要抓一批人来搜集材料，不要指挥他们做这个做那个，你只要教他们如何渴望浩瀚的大海就行了！”

其实这对大人也有效，因为生活中我们能看见的事物，都是我们关心或正在寻找的，如果不是通过感官，引起我们情绪、情感的投入，外界的事物在我们的理智或学习中，是不会存在的。

阅读让孩子得以探索隐藏版的自我，也观照辽阔的世界。

我总觉得一本我们喜欢的书，一定是它能呼应我们心中某个渴望的。换句话说，阅读一本打动我们的书，其实阅读的是自己生命的光影，探索不曾了解的自己。因为书本犹如一面神奇的魔镜，镜中反射出隐藏的自我；书本也犹如我们的心灵之窗，借着阅读，我们得以观照这个世界。

一定要帮自己或帮孩子把他不同生命阶段所喜欢的书留在身边，有人说用相片来写日记，我觉得用书可以记录我们的人生，留下我们生命成长中不同的体会与精神蜕变的历程。

因此，虽然我会去图书馆借书，但是我也会建立属于自己的藏书，近代有名的阅读者也是藏书家海莲·汉芙就曾说：“我绝不买一本没读过的书，那不是跟买衣服没有试穿过一样冒失吗？”

我们除了要帮孩子买书之外，也要为自己买书。很多大人以太忙没有时间阅读为借口，没有养成购书的习惯，当然就更没有机会养成阅读的习惯了。其实我总觉得不是找到时间才去阅读，而是当我们阅读了以后才会有了阅读的时间（这句有点难懂的话，却是我最深刻的体会），因此随时随地手边有书是很重要的事。

这些年，我总是不断地鼓励身边的朋友买书，并且说：“太忙没时间看也没关系，把书买回家摆着，只要到处都是书，也会改变我们的气质！”其实这是真的呀！即便没有看过书架上的书，但是我们吃饭、上厕所，在家里走过来走过去时，总会不断看到这些书、这些书名，潜意识里就多了许多想象，就如同有位作家所说的，“没看过书的内容，可是却盯着它们或色彩斑斓或凝重沉稳的封面时，也是以另外一种方式了解这些书。”

所以我赞成十八世纪某位哲学家所说的：“有一点点钱的时候，我先买书，剩下的，再买吃的与穿的。”把家里变成图书馆，是引领孩子喜欢上阅读最有效的方法。

要怎么帮孩子选书？“有趣的”优先考虑，世界名著等爱上阅读之后再看！

许多家长帮孩子挑选书时，不知不觉都会以大人的角度选择主题正确，比较“有价值”或是内容丰富知识蕴含量比较高的书。这些大人喜欢的书，孩子不一定喜欢，假如孩子以为所有的书都这么“无趣”的话，他们很快就会对书退避三舍，逃遁至充满声光刺激的影像世界、计算机游戏里了。

也有的师长不知该推荐孩子看什么书，认为看世界名著准没错，结果我看到许多孩子的书架上全都是世界名著的精简版。

没错，世界经典名著具有其丰富性，它能碰触到人类各种恒久且终极的问题，值得人反复阅读。这些看法我完全同意，不过一本书要成为世界名著要有两个基本条件：第一，它必须历经时代的考验与筛选，因此经典通常是古代的；第二，既然是世界名著，那么它大都也是外国的故事。

对于孩子来说，他们不了解书中描绘的时代背景也无法体会那个时代的情景与氛围，同时孩子对于那个国家的典章制度、风土人情完全不懂，因此也很不容易进入书的情境。

另外更麻烦的是，通常世界名著是大人写的，所以书里所关心的主题，如人性挣扎、善恶两难、爱情考验，等等，或许不是现阶段孩子所关心的，再加上世界名著都是大部头巨著，要变成儿童读物，就只能简化再简化，最后变成一本毫无情感的故事书。**一本书能吸引我们、感动我们的，绝不是剧情摘要，而是通过绵密的文字所堆积出的张力、铺陈出的气氛，还有精彩的对话……**如果只看简要本（节选本），世界名著原先具备的所有优点就全都不见了！

因此，除非是取材世界名著的架构或一小部分，然后完全改写或重新创作，不然我反对让孩子看世界名著的简要版。

世界名著最好的阅读时机应该是已经变成热爱阅读的文学青年之后，经由大量阅读，已经形成自己的选择标准，建构出自己的阅读品味时，自发性地依据对自我内在的探索而去找世界名著的全文本来看。

当大人太急着推销经典名著时，会揠苗助长，适得其反。因为许多生命体会必须经过岁月的历练才能豁然开朗，这些名著中所蕴含的智慧之光，是来自真实生活心得的整理，以孩子非常简单的生活经验当然无法领会，只会觉得很枯燥、很无聊。

生命教育要能真的感动孩子：针对年龄，选择有情境、能解决孩子疑惑的书。

我觉得大人应该推荐当代作家专门为孩子所写的故事，他们会用孩子听得懂的语言、能够体会的情境，再加上题材是现代孩子所关心的问题。

孩子从来不是无忧无虑的，他们感觉敏锐，充满困惑。但表达能力是后天的，还没有受过训练。这时如果读到一本进入他生命困境的书，想想看他会如何兴奋，怎样感动！当孩子可以从书中找到他们困惑已久的问题，他们彷徨不安的心也能从故事中被理解、被抚慰，有着可以投射进去的情境，让他们感受主角的困境，认同他的选择，并且一起去历练。孩子不只能从中享受到阅读的乐趣，进入阅读最美好的世界，这还是进行生命教育最有效果的方式。

只要让孩子看精彩的故事，故事写得好，即便像《哈利·波特》这种厚度七八百页纯文本的书，连小学二三年级的孩子也能废寝忘食地阅读。

最近这些年，教育界开始着重“生命教育”，因为生命教育最重要的前提是要能使学生“感动”，生命教育绝不是知识上的教导或死板的道德教训。

我相信当孩子看了精彩的故事后，有了“啊”一声的感慨，这个惊叹就是我们重新认识这个世界的时候，也就是对旧的经验的重新诠释，对已经熟悉的事件有了不一样的体会和不同的理解。

杨茂秀教授认为这就是一种哲学，也是一种智慧，而且如果在学习成长过程中一点故事都没有的话，那学习一定是很缓慢、很苍白的。

或许故事是属于别人的，但是如果它感动了我们，它就会跟我们的生命编织在一起。

与孩子一起阅读，或许可以找到与孩子们的成长经验有共鸣的机会。

从阅读到写作

将想象力和创造力落实的最佳工具

当AB宝小五的时候，我开始思考一个问题：我们总是强调要培养孩子的想象力与创造力，但为什么与世界上一些考试成绩不如我们的地区相比，台湾的孩子即使考上了一流高中、名牌大学，在“两力”上的表现也还是相对较弱？

这时，我已经陪着AB宝自由自在玩了快十年，孩子学多学少不是问题，因为学习是快乐的。她们出外是放胆探索自然、观察自然的野小孩，也会扯铃、骑独轮车，在家既能弹琴，又是小小书虫，每天都过得很快乐，但我一直没有具体去思考培养想象力与创造力这件事。

这“两力”为何如此重要？当知识都转成数据储存在计算机上，取得的成本为零。如何把碎片似的数据组合成有意义的信息，发出力量，凭借的就是想象力和创造力，以及一颗主动进取的心。

创造力和想象力，必须从面对生命的态度开始。

我决定要好好培养AB宝的想象力和创造力——当然不是送到补习班。想象力和创造力不是某个特定科目的技能培养——如果有这种补习班的话，想必老师会以各种科学实验进行之，但事情不是这样的。

我深深觉得，它们是一种面对生命的态度，也是一种素养，必须经由每天的生活习惯缓慢养成。

既然这样，我要找到一个核心概念，既可以持续操作，又能够陪伴孩子。为此，我读了很多资料，也搜寻国外案例，终于让我发现一个培养“两力”的秘密——让孩子敢于发问，并且能问出好问题。这需要回头追索过去人生的所有经验，因此不适用于低年级孩子。

好问题比好答案重要，孩子有没有想象力、创造力以及主动探索的精神，看问的问题就知道。

问问题需要勇气和能力，也就是说，需要不断的训练。不管面对何种状况，孩子如果能大胆地问，并且问出好问题，便等于拥有追求新知识以及超链接的能力。

发现这个秘密，并有了具体目标后，我开始大量看探讨各种人生面向的影片。

其实一开始是我们一起看电影，类型涵盖艺术、科幻、音乐、惊悚、动物……通过问问题我可以知道孩子看懂多少，能不能理解角色之间的对应。如果看完电影没有讨论，没有让他们发问，这电影就白看了。

但这碰到了一个状况：电影两小时，看完之后再讨论个一二十分钟，AB 宝还不习惯问问题，因此觉得不耐烦，一个找借口说我要去运动，一个说我要去写功课，全都溜掉了。看电影也许很快乐，但思索是困难的，实在很难强迫她们问问题。

于是我改弦易辙，号召十几个有同年龄小孩的家庭，像办读书会一样办电影欣赏会，电影由我挑选，像《鲸骑士》或《深夜加油站遇见苏格拉底》。一群人看完电影后，举办分组比赛，三五个小朋友一组，家长一组，提最多问题的一组获胜。基于团队竞争和荣誉感，孩子大多会奋勇发问，这也是强迫他们思考的机会。如此操作二十几次下来，我发现这方法跨年龄、跨阶级、跨领域，不论对象为何，全都有效。

很多家长十分感动，他们惊讶于自己的孩子竟然能够问出这么好的问题。而AB宝经过三四次训练，已经敢于发问，而且愈来愈会问。不过老问题还是存在，不比赛时，她们看完电影后，还是不理我，不想问问题，我也没辙。还好，后来我发现了日剧。

分集的日剧是终极法宝，孩子想看就得问！

日剧？这好像是天外飞来一笔，其实不然。老实说，我是日剧白痴（现在是日剧达人）。我们家不看电视，但有上万本书和五六千部影片，一直到有人推荐我看《交响情人梦》DVD，这是我的第一部日剧。怎么会这么好看，又让人看得这么快乐呢？即使已经看过上万本书和几千部电影，我仍然无法抗拒野田惠和千秋的魔力。此后，我对日剧狂热了起来，累积到一百多部的雄厚实力。此时，我知道我有能力为女儿挑片了。

我家现在有大约四百部日剧。因为没有版权代理的关系，日剧不贵，新片三部五百块（台币），旧片更便宜。不过价钱不是问题，问题在于你要花时间挑出适合孩子看的片子，全台湾用日剧来娱乐、教育小孩的爸爸，我应该是第一个吧！

电影看完就结束了，但日剧一般都是十二集，**好看的日剧会让人看完一集后，急着想追看下一集。当AB宝要求看下一集时，我会坏坏地说："想看下一集？ 好，先提两个问题来看看再说。"**没办法，我大权在握，她们只好乖乖挤出两个问题，非问不可。她们不问，就我问，她们答。

抽不出时间？日剧一集不到五十分钟，周六周日各看个两三集，快则两星期就看完一部。做不到的话，表示你的孩子太忙，或者不会利用时间。

两年观赏下来，AB宝心目中的第一名是《司法研习八人组》。当时，小学高年级的社会科正好进入法律单元，我为了跟她们解释何谓检察司法官，所以特别挑了这部日剧。日本司法官没有条件限制，任何学历、任何行业的人都可以报考。《司法研习八人组》里有八个来自不同领域的司法研习人员，这群天兵的作业天天被K，因此随后他们便组成一个团队在课后讨论，每一集讨论一到两个案件。因为背景不同，看事情角度各异，讨论总能擦出精彩的火花。AB宝对它如此热爱令我相当讶异，后来一想，她们的身份是学生，司法研习人员也是学生，学生之间的伙伴关系，以及虽然意见不合却彼此相挺的情义，应该是这种相似的情境让她们深深认同吧！

《Code Blue 救护直升机医生》排名第二，女儿看过之后，决定长大后要当救人的医生。她们也喜欢《幸福小厨师》——一个总要先和客人聊五分钟再决定为他做什么料理的厨师。

医生、护士、律师、警察、侦探、美发师、厨师、老师、科学家、业务员、企划、家庭主妇……从另一个角度看，日剧又是职业众生相的呈现，认真地看，等于上了一堂堂的职前体验课。

会发问＝有思考基础，下一步就是写下来！

习惯发问之后，我顺水推舟训练AB宝写作文。

因为写作是整理一个人思绪的最好方法。我们通常借由写作来思考，美国著名诗人佛罗斯特就曾经这么说："我还没有开始写之前，我怎么知道我在想什么？"

在这全球化快速变迁的时代，人与人的接触频繁而短暂，有能清楚表达自己想法的写作能力，也成为竞争力的关键。美国曾做过一次大规模调查，发现写作成绩与在学校的整体学习表现相关性最高，因此从2005年起，美国大学入学考试加考二十五分钟的短文写作。

写作的确非常重要，可是现在的孩子为什么每到作文课就唉声叹气，提笔有如千斤重呢？说故事，与人分享不是人类自古以来的天性吗？

我想，这大概是因为老师或家长不知道该如何引导孩子享受写作的乐趣，人类乐于分享的天性被错误的方法与压力给抹杀掉了。

我训练AB宝写作，就是通过日剧，一开始先由我根据日剧内容提两个问题，她们用两三百字回答，这就是作文。不写呢？对不起，那就不能看下一集了。

用日剧训练孩子发问和写作文，同时也在测试她们倾听的能力。从问的问题和写的文章，我可以察觉她们能不能捕捉到人与人互动之外的弦外之音，是否关心他人、理解别人，有没有同理心，等等。读出隐藏在言语和肢体之外的幽微真意，这种能力很难教，也不易培养，但通过电影或日剧的讨论就可以达成。

或许有人会问，看电影、日剧还要附带做这么多事，会不会失去娱乐的意义？电影和日剧本来就是娱乐啊！我认为一点也不会。孩子没有能力问的时候，当然要由大人引导他们，一步一步铺陈。当孩子问出好问题，或提出一个不错的观点，他们自己反而是最高兴的人，不要忽略了孩子也会期望进步和成长。

这两年下来，除了我自己变成日剧达人，更大的惊喜是，我已经不再需要跟孩子教导什么，念叨着要改进什么。

道德教导从大人口中讲出来，就很无聊、八股、讨厌，听都不想听，一模一样的话由日剧的角色说出来，孩子就感动得一塌糊涂。所以每当我有话想对女儿说，就挑部日剧给她们看：《考试之神》《东大特训班》《家长是怪兽》《女王的教室》……要孩子用功读书，要孩子学习勇气，要孩子有团队精神，都有对应的日剧。

而我所要做的，就是每一两个星期到光华商场扫货，一部一部先行看过，再分门别类，挑出适合给孩子看的，并在最适当的时候给她们看。

上网 = 阅读？！

网络讯息搜寻与阅读书本有什么不一样？

常常有家长跟我反映，家里读中学的孩子整天挂在网络上，劝他们多看点书不要沉迷于计算机，结果常常被孩子反驳："我在网络上搜寻阅读的数据也像是书啊！甚至比书的讯息更新、更实时呢！"

阅读网络上的数据与印刷出来的书到底一样不一样呢？

我想，首先得先区分书的媒介，不管是用纸印刷，或者用竹简、用羊皮，或者是电子书，只要经过编辑处理过正式发行的书，都算是书，与网络搜寻的数据是不同的。

不管是用什么媒介，只要是经过处理的书，都有成本，除了作者殚精竭虑的写作之外，还经过层层的编辑筛选与讨论，修正校订然后才会出版发行，基本上是有构架、有层次、有想法与目标，即便百科全书，**只要经过编辑处理发行，都会有其独特的观点与架构。**

当我们要学习一个新的学问、一个新的领域，必须找到那门学问的几本经典书籍，仔仔细细地从头读到尾，在脑中建立起完整的轮廓，这种轮廓也可以称作知识的基本架构。有了这样整体的认识之后，后续找到的许多资料与琐碎的细节才能适当地安放在那个架构里，也才能形成有意义的了解与记忆。

没有对那个领域的整体了解，网络上搜寻到无穷无尽的数据不仅没有帮助、浪费时间，甚至有害，会使我们淹没在讯息的大海中。许多在大学任教的朋友感慨，现在学生的报告内容似乎非常丰富，旁征博引找了许多数据，但是却抓不到重点，结论也非常模糊，甚至搞不清楚作业的问题到底是要他们回答什么。

换句话说，如果没有自己的观点，也不清楚问题的来龙去脉，前因后果，即便花了一大堆时间在网络上漫游，剪剪贴贴，但其实还是无法形成真正的收获与了解。

当然，网络搜寻还是有好处的！

最大的好处是当我们很明确地知道想找什么数据时，帮助最大，以前可能要耗费数周埋在图书馆与积满灰尘的古老文献或期刊中奋斗，现在可以舒舒服服且很省时间地通过各种网络的数据库找到答案。但是别忘了前提是我们知道要找什么，知道该提出什么问题。我们都知道，对一门知识没有彻底了解，很难提出有意义的好问题。

资深出版人詹宏志就曾比喻："Internet 就像是一本非常大又丰富的书，有一万页，但是没有编码又散落一地，没有好的训练，网络的帮助其实很小，只会让人迷失。"真正要通过网络做学问，需要高阶的训练（与利用网络购物或查哪里有好吃的餐厅这种低阶的使用需求完全不同），这些训练必须从阅读一本又一本的书来建立，没有快捷方式可以走。

网络上的讯息你能找得到的，别人也可以找得到，真能让我们胜出的关键在于你如何去界定这些讯息之间的关系，如何用自己的想象与专业知识去利用这些讯息，因此，还是一步一脚印地从书本阅读开始吧！

Part. 1

爸爸，我们为什么要读书？

· 学习 @《爱 · 生活与学习》

· 考试 @ 东大特训班

· 放轻松 @ 逛夜市

· 节奏 @ 看画展、听讲座

· 压力 @ 牧羊少年

· 自学 @ 达雷尔

· 起飞 @ 汉娜 & 拒绝联考的小子

学习

投资自己，活出更快乐的未来

为什么要学习？
为什么要读书？

TO B宝：

感觉才开学不久，就要面对第一次段考。像是大海中逐渐被隐没的船只，被层层叠叠的考卷淹没，浮浮沉沉中，一本泛黄的旧书被海浪冲上了岸边，清风无心地翻了翻书，瞥见字里行间那文字之美，散发出一股神奇力量吸引着我。

为什么要学习？为什么要读书？

我常常反问自己，但总把自己逼到迷惘的十字路口上。没寻到答案，反而更加疑惑。

通过无声的表达，美国知名教育家替我解答了长久以来的困惑。学习是为了生活，为了分享，为了有质量的爱。每个人都是上帝的恩典，为了不辜负所有爱我们的人，我们要善待自己。

只有自己不断成长，才能给别人更多“我自己”。学习是为了给，这真是件浪漫的事啊！

原以为《爱·生活与学习》是给身穿黑衣、戴着厚重眼镜、头发乱蓬蓬的奇异哲人研读的，然而我却看得津津有味。爱、生活、学习三者密不可分，我们需要在生活中学习如何爱自己、爱别人。

我们经常将“爱”狭隘地定义成男女之间的情爱，《小王子》的作者安东尼·德·圣埃克苏佩里有一句名言：“也许爱就是我引导你走向你自己的一个轻柔的过程。”此时我开悟了，爱自己就必须好好投资自己，不管做任何事，全力以赴！

伸手，拿起一本参考书，这次不再是妥协的哀号，而是浮现了满足的微笑。

A宝

TO A宝：

进入备战状态的我们，每日与十几张的考卷奋斗。像已拉到极限的橡皮筋，等待着自由的那一刻。

细细回想，自己是否常自怨自艾，将“我”关在无比黑暗的深渊？是否常自限自缚，将“可能”打入阴森的大牢？

“我”是上帝的礼物，“我”是世界的宝藏，“我”更是自己最大的投资品。

生命如同大海般宽广，也如同沙漠般一望无际，尽情地拓展它、用心地经营它、热情地创造它，这是我们一踏上这世界便背负的最大责任。

为什么要这么尽情地享受生命？因为“只有我不断成长，我才能给你更多的我自己。”每一个“我”，皆是独一无二的。认真地过生活也是为了表达喜悦、表达爱，让自己活得更有意义。

每个投资皆为了活出更美的世界，但一切起源须从投资“我”开始。“让自己成为世界上最美丽、温柔、神奇的人，我会因此永远存在。”

平易近人的词句、文章，带给我们的常常是豁达的人生观与独特的见解，阅读由利奥·巴士卡力所著的《爱·生活与学习》与《九路公交车》，所得到的启发，就如同英国物理学家罗伯特·胡克无意间在显微镜下观察到跳蚤，发现它那身体的结构与美的感动。

通过这些书，我也更了解了读书的真谛。

B宝

我蛮好奇的，不知道为什么你们老师会推荐你们看《爱·生活与学习》？这本书是爸爸读大学时相当畅销的励志书，出版至今将近三十年了吧！

这本书讲得当然很有道理，但是我相信对于正为了语文、数学、物理、化学等科目搞得头昏脑涨的中学生来说，恐怕还是没办法回答大家“为什么要念书？”“为什么要学物理、化学？”“现在读的很多科目我以后若是都用不到，为什么现在要花那么多时间去读？”

记不记得去年我曾拿给你们看的日本作家所写的书《筑梦的手纸屋》以及《圆梦的手纸屋》？还记得这位作家怎么定义“念书”吗？

他认为念书只是一种工具罢了。一般来说，工具的创造都是为了解决人类的不便而诞生的。这位作者提醒，我们在生活中会想得到许多东西，甚至只要我们活着，就必须靠别人提供许多东西，若是没有这些人的话，我们根本就没有办法自在舒适地过生活。因此我们必须拿东西跟别人“交换”，才能获得衣食住行娱乐种种的必需品。这种“交换”的过程，就是用双方都认为适当的分量，来交换对方拥有的物品中自己想要的。通常我们都习惯用“钱”来当作衡量的标准，但是并非只能用钱来交换，用物品来交换物品，或用抽象的价值来交换物品，也都是可能的。

一般而言，我们到公司上班，就是拿自己所有的，也是公司想要的劳动力和时间，来交换公司拥有的，也是自己想要的“金钱”和“安定”，当然，你付出的成本跟你获得的金钱，要依你们双方都认为适当的分量来议定。

因此，念书可以说是我们为了拥有更多能力可以与别人做更好交换的工具，也就是念书是用来增加未来选择的工具。我想你现在应该可以体会，和高中毕业就进入社会工作相比，大学毕业生的工作选择范围应该是大得多的。

几年前，龙应台女士在与她十七八岁的孩子安德烈的信件对谈书《亲爱的安德烈》里，她也提到：“我要求你读书用功，不是因为我要你跟别人比成就，而是因为，我希望你将来拥有选择的权利，选择有意义、有时间的工作，而不是被迫谋生。”

在目前现代的生活架构里，什么样的工作比较可能给你快乐？第一，它给你意义；第二，它给你时间。你的工作是你觉得有意义的，你的工作不绑架你，使你成为工作的俘虏，容许你去充分体验生活，你就比较有可能是快乐的。同时，当你的工作在你心目中有意义，你就有成就感，再加上工作不会剥夺我们的生活，我们才会有尊严，而成就感与尊严，不就是快乐与幸福的前提吗？

不过，我想即便你们同意这两位作家的观点，但是有压力的念书还

【浪漫生活清单】

- 书：《爱·生活与学习》《九路公交车》《筑梦的手纸屋》《圆梦的手纸屋》《亲爱的安德烈》
- 影片：《春风化雨》

是非常辛苦，也似乎是漫长无止境的过程。的确，我相信即使再喜欢念书的人，在念书的过程中还是会不断遭遇到大大小小的瓶颈，想要渡过这些难关，必须要有坚韧的耐力。因此，念书的过程也可以磨炼我们的耐力，而且当我们超越过一个又一个的障碍之后，也可以获得自信，相信自己有能力面对新的挑战。其实，念书除了磨炼耐力与拥有自信之外，还可以训练我们的记忆力，并增进我们的判断能力以及举一反三的应用能力等。

不过，你们或许还会怀疑，在学校学的科目有一些好像以后用不到。关于这个问题，我想起小时候看过的一则笑话：有一个傻瓜逛街时肚子饿，他就在路边买了一个面包，吃了之后，还是饿，就买了第二个面包，可是还是饿饿的，就吃了第三个面包，肚子总算饱了，于是他很可惜地说："早知道只买这第三个面包就好了，前面两个都浪费了，因为前面两个都没办法让我吃饱！"

看了这个笑话，我们会取笑那个傻瓜真是笨啊！不是第三个面包让他饱的，而是累积了前面两个面包的能量，才使得他碰到的第三个面包让他有吃饱的感觉。

"能力"也一样，我们要从基础知识慢慢累积，就像打球反复练一些基本动作一样，你们中学时所读所学的，都还算是认识我们这个世界，包括宇宙万物的自然知识以及人文、艺术、历史、法律、制度等人类架构出的文明成果的最基本知识。

在人生路途上，也许没有机会直接用到这些基本知识，就像第一个、第二个面包没办法达成我们吃饱的目标，但是往后真正用得上的能力（第三个面包）还是必须经由我们的基本能力而发展。

爸爸还可以提供一个方法，假如你们对某一个科目还是觉得很枯燥很乏味时，可以先想一下，这些学问是过去时代中经过哪些人的努力而获得的？他们借由这些知识解决了什么问题？我们在以后可以用这些知识帮助什么人？**要我们运用想象力把硬邦邦的知识跟人连上关系，我们就比较会产生学习的兴趣。**

我总是有种感觉，念书就像是一场无止境的接力赛，我们学习先人传给后世的智慧结晶，就像接下先人传给我们的棒子，我们继续往前跑，再加上我们的心得与收获，然后传给以后的人类。

其实，在地球万物之中，能够通过念书来传承智慧的物种也就只有人类，这种机会是经过无数世代的努力才得来的，只要想到这一点，对于“念书”这个工具，也就充满了感激与珍惜的心情。

爸爸

考试

在磨炼中找到人生的正解

如樱花般为盛开而努力，
在乎的是过程！

TO B宝：

通往小区山路的两旁，簇拥着刚盛开的樱花。一层一层、一簇一簇，为曲折的山路铺上了粉红毯子。有如走在星光大道上那般神气。樱如雪般纷纷落下。有时是成群结队，像极了一艘艘粉红船只；有时是形单影只，宛如夜空中最明亮的那颗星。樱吹雪，为这山城披上粉色的绸缎，正值樱花绽放的时刻，坐着小区巴士在小区中、山路间穿梭。樱花夸张地在路旁向我们招手，我们不禁被那粉色小精灵所震慑。

每当看到樱花，总想起日剧《龙樱》，想起樱花树后，站着六个苦读了一年刚参加升学大考的高中生；樱花树前，是一个充满热忱的老师和智深勇沉的樱木律师。《龙樱》又称《东大特训班》，描述一位律师为了拯救面临债务危机、被人视为笨蛋学校的龙山高中，决定设立特训班，想让六名PR值只有三十几的学生考上第一志愿（东京大学）的过程。这部日剧里，樱花树象征一种不畏艰难的勇气与坚定的目标，陪伴着他们考上东大。“入学考试的问题，永远只有一个正解，人生却不一样，人生有很多正解。”“考试就是一种对话，与对方的对话，也是与自己的对话。”读书的态度与方法、为什么要考试、考试的意义究竟是什么？这部日剧像一串钥匙，把疑惑一一解开。

樱花又再散落，但相信不知何时，幻化的一瞬间会出现……很喜欢听歌手森山直太朗的这首歌《樱花》。浑厚的嗓子、略带沙哑的声音，也唱出樱花的拼命。“落花独自舞，扫后更闻香。”诗人李商隐曾这么赞叹。樱的拼命美丽，似乎成了她的宿命。也许正因为她的拼命，才会显得鹤立鸡群吧！

巴士正往山下开，望着窗外继续思索着，为何樱花的生命这么短暂？我想是因为她期盼在世人心中留下最美的印象！人生岂不是如此呢？想留下美好的回忆，便要懂得珍惜。珍惜所有，美才能恒留于心中！

A宝

TO A宝：

回家的路上，睡意蒙胧之中，只见原本青翠的树林，一夕之间画上淡淡的粉色胭脂。像雪片般落下，是樱花呀！“樱”是春天的首席，负责揭开春天的序幕。愈往山里走，愈能感受到它散发出的热情，轻巧地引领着我们进入透露出清新气息的缤纷大地。

树枝蹦出新鲜嫩芽，鸟儿唧唧喳喳地叫醒沉睡中的万物，盛开的樱花更迫不及待地点缀渐渐苏醒的森林。美景当前，脑海中不禁浮现起渡边淳一的一句话：“也许太美的樱花会使人累的，可樱花就是这么拼命地表现美丽。也许有人认为她不必那么认真，可她却做不到。”樱花最可贵的就是，在生命最光辉、最灿烂的时候，她选择凋谢，以冠压群芳的姿态化作春泥，等待下一次的绽放。即使是短暂的绽放，她仍竭尽生命来完成，只为了留下美好回忆。

走着走着，循着吆喝声，只见六名少年穿着龙山高中的制服，专心地拿着铲子种樱花树，旁边站着一位男老师樱木与一位女老师井野。有时晨跑，有时跳舞，有时在头上绑了“笨蛋”的布条，做许多魔鬼训练……啊！这不就是我们百看不厌的《东大特训班》吗？樱木的告诫：“想让人生有一百八十度大翻转，考试是目前唯一留存的公平制度。”“不知挫折为何物的人，一受打击就会一蹶不振。每次都遭遇小阻碍，再超越这些障碍的人，反而能经得起惊涛骇浪，茁壮成长！”种下樱花，也种下他们的决心，经过一年的集训，东大的考试快到了！樱花飘落，虽然有些人落榜、有些人考上了！但是每个人都展现出樱花的情操，拼命地活出认真，纵然没有得到考试的正解，却都找到了人生的正解。

B宝

记得我们一起看由日本漫画《东大特训班》改编的日剧时（原名《龙樱》），每次我看到樱木律师请来的为那几位混混学生特训的名师所传授的考试秘籍时，总会大声地击节赞叹：“哈！爸爸当年考试也是用这种方法，他们怎么偷学了我的招数呢！”

每一次我的叫嚷都只换来你们充满怀疑的“白眼”，一方面是怪我干扰了你们专心观赏的气氛，一方面大概也是认为我在吹牛吧！

的确，你们很难想象表面上看起来升学考试之路一路顺遂的爸爸，怎么可能像剧中几个成绩烂到不像话的学生那样用那种临时抱佛脚的读书方法呢！

爸爸在读初中时和你们一样，学校老师功课盯得很紧，再加上当时顶多利用闲暇看看课外书，其实也没有其他事情可以分心的，所以功课一直维持全校前几名，当然也顺利进入建中。

问题就出在建中学风太过自由（这是好听的说法，从另一个角度看，就像日剧里那个龙山高中一样，老师不管学生），学校里没有任何一个老师会管学生到底考得怎么样，同学之间更是不会有人去注意别人的成绩。再加上爸爸那时候参加很多社团，管很多闲事，又读很多杂书，也因为从小到大没补过习，高中上课又完全没听老师在讲什么（原本就不习惯听课，后来偶尔有兴致想听一下，发现完全听不懂，上课时只好又回到自我休息状态），而我又没有跟别人讨论功课的习惯，所以高中的学业成绩除了少数如语文、历史、地理等可以考试前几天临时抱佛脚的科目之外，其他需要理解与做题目的数学、理化等科目，完全是惨不忍睹。

幸亏当时建中是采取“不留级”的政策，我才可以勉强升上高三（所谓不留级政策是只要你不是多次不及格，取得补考资格后，学校用同一份试卷，反复几次补考，一定让你可以升级）。

换句话说，爸爸高三时的程度，跟东大特训班那几位混混差不多。高三那一年我当然已觉悟要用功，但其实还是有些外务的，包括当“毕联会”干部，同时与罗纶有、罗圣尔叔叔负责了绝大部分毕业纪念册的内容与编辑事务。

爸爸将这段历史讲半天，主要是想让你们知道，“虽然《东大特训班》稍显夸张，但是应付考试真的是有方法的。”不过正如在日剧中樱木律师最后送给学生的话，考试有正解，人生却不一样。爸爸同样觉得，考试的范围是有限的，人生的学习却是无限的，是一辈子必须不断努力的，不能将两者搞混。

我知道你们一定想知道爸爸究竟有什么秘诀可以在很短的时间应付考试，其实以你们目前按部就班、有纪律与自制的学习过程，不会像爸爸当年把自己搞得那么离谱，但是在这里我倒是可以简单传授一个最重要的心法，也就是古圣先贤孟子讲过的：“说大人则藐之！”不要恐惧考试，而且绝对不要被平常学校考的刁钻困难的考题给吓住了！

以数学为例吧！爸爸在高中三年，各种大小考试，包括小考、周考、月考、段考、期末考、模拟考甚至毕业考，在无以计数的考试中，我大概只有五六次成绩超过六十分，可是爸爸在联考时，数学成绩比高标准还高了将近二十分（所谓高标准就是那个科目全国成绩排在前面一定百分比的人的平均分数），连数学都可以临时抱佛脚了，其他科目当然更容易了！

对了，那么你一定会说是不是爸爸考运特别好或天赋异禀，其实不是，爸爸的资质很普通，跟其他所有人一样普通，没有特别厉害也不会特别差，就跟你们一样很“中庸”。

再回到刚刚提到的数学例子，因为爸爸的数学程度只到初三（比日剧那些人好一些），所以我在高三时先把六册数学课本拿来当小说看。其实课本字很大，又没有多少字，很快就看完。当然很多内容看不懂，没关系，多看几次，反正我只看不做（其实也没有时间去演练），重点是边看边想。再找来一本附详细解答过程的总复习参考书与一本精选题配合着看，记得要找最薄，自己看得最顺眼的（日剧也是这么提醒的）。除了课本之外，就是看这最精要的总复习与精选题，因为薄，同时又只用看，不用花时间去演算，所以别人算一道题或许花三十分钟，我把解法看懂只要花一分钟，所以同样的时间，这本总复习与精选题我简直可以比别人多看上数十次。

很多人花了很多时间做题目或背诵，可是往往会犯见树不见林的错误，这就是为什么要找一本很简单的总复习参考书很快地看，这可以使我们见到整个“树林”，知道这整个科目到底有哪些主题、哪些重点。其实大部分的考题都集中在少数特定的章节，基本上是符合八十、二十法则。换句话说，20%的重点搞懂，就至少可以取得80%的成绩。另外，找最薄的参考书反复读到烂，还有一个目的，就是让我们有信心，不管读完后是真懂还是假懂，至少我们会很有信心“所有历年的考题我都会”，“原来这个科目也不过尔尔！”准备考试，信心最重要！

另外，学习时，要以问题为核心，不是问这个会不会考，而是问这个能怎么运用在实际生活中，找到学习的意义。包括数学的所有科目，平常读书或写题目时不要只是一味地埋头作答或背诵，而是要多想：这个题目到底想考我们什么？这个章节到底想告诉我们什么？任何主题一定要清楚地弄懂它们究竟与我们的生活有什么关系。可能的话，试着揣摩出题老师的心意，或者假设你是写课本的专家，为什么要用这个图表，这个章节为什么要区分为这几个标题？

答案可能就藏在一两句常被我们忽略掉的课文中，追溯并体会到这个最原始的目的是重要的，花的时间并不多，却是学习有没有效果的关键，因为即便是记忆，也必须经过我们主动的分析和整理，与我们脑袋中原本理解的旧有的知识链接上，那个新知识才会变成我们自己的。

因为我知道自己的实力与时间是非常有限的，所以我不好高骛远，选简单但是完整的参考书然后配合课本，不是“做”题目，而是“想”题目。只要“想”得出如何解，以及为什么要这么解，想清楚老师为什么要这么出题，那么就可以省下反复演练的时间，这是我在很短的时间必须读完所有科目所用的共通心法。

掌握到学习的全貌很重要，就像在教打篮球的各种基本动作之前，这个学生若从来没有看过任何篮球比赛，体验不到比赛的刺激与紧张，却要让他们不断重复练习运球，恐怕任谁都会受不了。

因此，会自己问自己问题，才是主动学习的简单秘诀。但是我发现居然有绝大部分的学生不知道这个课本或这道题目究竟想告诉我们什么事，虽然他们都可以解得出答案。若是我们只靠死背硬记，侥幸可以考出好成绩，那么无论分数多高，都无法在进入社会后创造出有贡献的事物。

当然，每个科目都有更有效的准备的技巧，若你们有兴趣，以后再找时间跟你们讨论。

不过，我真正想告诉你们的是，会考试，尤其是在这种有范围的考试里，成绩高一点不值得稀罕，你们长大后一定会了解，这类考试的成绩相对于漫漫人生，一点也不重要。可是学习本身是很重要的，学习又分为态度与技巧，这两者之中，我觉得态度又比技巧重要，不过了解实际的技巧，的确也可以发挥事半功倍之效。以后有机会我们再聊。

A宝问：

爸爸，可是我还是很想先知道态度和技巧该怎么训练。

爸爸答：

“态度”和“技巧”是我们学习时或面对问题时所必须具备的两种能力。态度，是指愿意去面对问题，也有耐心好好了解问题；而技巧，就是能够利用方法与经验去处理各种问题，也就是解决问题的具体能力。

解决课业知识上的问题对你们来说比较简单，至少你们在学校或家里所谓的学习，大概都是这方面的问题。就像你们平常每每提出疑问，我通常先要你们说出已了解的部分，并希望你们先试着猜猜看答案可能是什么，有时我还会反问一些问题，用问题来回答问题，引导你们思考，让你们渐渐养成自己查书或上网查询找答案的习惯。

但是，随着你们逐渐成长，会面对许多更复杂、甚至说不清楚的问题，而且随着世界在变，问题也不断在改变，我真的无法“事先”让你们一一练习如何解决每一种问题，这时候你们如何面对问题的态度就很重要了。

我觉得训练态度最好的方法就是多方尝试，在尝试中审视自己，在错误中学习，累积经验：学会怎么渡过小挫折，成功后该怎么自处，也学会何时该忍耐，最重要的是体验自己也能做得到的信心……这些都是磨炼并修正“态度”的基本功。

放轻松

逛夜市，饮食学问大

小吃天堂凑热闹的满足之旅

TO B宝：

那天第二次段考结束，披着淡淡的夜色，上弦月高挂天际。拖着一身疲惫，漫无目的地游走在台北街头。我们和一群好友，一群正饱受考卷、课本、参考书压榨的九年级学生，漫步于街头，寻找释放压力的出口。

转个弯，霓虹灯不停闪烁，似乎预告着有份惊喜正等着我们去发现。“来哟！来哟！”一连串的吆喝声吸引着我们。空气中，混杂着各式各样浓郁的香味。沿着街道，我们开始探索临江夜市。如好奇的侦探，睁大眼睛搜寻珍贵的线索——那令人食指大动的台湾小吃。

在烈火中噼啪作响的一口堡，是我们发现的第一个惊喜，温润动人的色泽，令人食欲大开。轻咬一口堡中特调的酱汁，香味四溢。多元的异国风味，满足对迷你堡的不同想象。冒着雾气，拥有细皮嫩肉的水煎包也不遑多让。静静地伫立在那儿，却不断送出秋波。热腾腾的，我如看到稀世珍宝般捧着它，任由它滑入口中。

当然我是不会错过晶莹剔透的蚵仔煎，穿上黄色洋装，装扮红色绿色的彩妆，镶嵌着饱满的蚵仔，永远是我心中的夜市王牌。品尝美味的蚵仔煎，幸福的滋味也悄悄袭来，喜悦充盈了每个神经。

夜市，不只是个美食联合国，它也是个充满包容、悦纳的天堂，是文化创新、融合的集散地，更是台北人多彩多姿的美食天堂。天空依旧漆黑，上弦月仍在天上守护着，离开了临江夜市，在人群纷至沓来的捷运（台湾公交车）上努力找到立足之地。观察四周疲惫的路人，无精打采、满脸倦容，但独独不同的是我们嘴角那情不自禁扬起的上弦月！

A宝

TO A宝：

还记得那天，橘红色的夕阳投射在每个疲惫不堪的脸庞上，我们连同这些熙来攘往的路人，一起穿梭在街道间。不同的是我们踏着忙里偷闲的快活脚步，映着晚霞，朝向那刚活络热闹起来的台湾印记——夜市。

台北人，真幸福！站在市中心举目遥望，便能见到典雅的台北101大楼，衬着湛蓝的天，映着纯白的云；处处都是捷运系统，任我们遨游四方；卧在阳明山上，轻而易举地享受花草的芳香。最为人所称道的莫不是那曲折有如迷宫，丰富比拟万国博览会的乡土夜市。

我们在浸黑的大道上摸索一阵，不经意地转向右手边的巷弄中，突然灯火通明，光鲜亮丽射入了眼帘。正惊叹着，那嘹亮的叫卖声将我们吸引了去，“买一送一、送完为止！”“一盘臭豆腐三十、两盘五十！”

阿公低沉而清晰的叫卖声，交错着年轻女店主尖锐激昂的推销术。

除了此起彼落的声音，更诱人的是那浓浓的好滋味。五花八门的摊子，如争妍斗艳的选美大赛，又似来自世界各地穿戴奇装异服的兄弟共襄盛举。我独爱皮肤白皙，隐隐透着微光，冒着雾气的水煎包。一滑入口中，便陷在柔软中，轻咬，细细品味汁液溢满嘴里的充盈。

啊！台北的夜市总是弥漫着一股“奇香”，是地地道道的臭豆腐味，噼噼啪啪油渍飞溅，好像竞相参加一场盛会。没错！当大勺子一捧起酥酥脆脆的臭豆腐，配上酸酸甜甜的泡菜，这就是夜市的徽章。

夜市，不仅只是个美食天堂，也是文化再造的真实现场，它拥有包容力的宽广胸襟，更是台北人共同守护的奇妙境地。

夜已深，我的心却飞扬着，体内注满生命能量，汲取了满载的收成。

B宝

虽然我们家很少逛夜市，但是近些年来，到夜市吃东西已成为非常大众化的休闲活动，各地夜市也变成旅游的观光景点。

大家到夜市主要就是逛一摊又一摊既便宜又好吃的台湾小吃吧？爸爸记得小时候的夜市里还有很多精彩刺激的节目，现场活生生杀蛇，然后当场烹煮还是小意思，有时候还会有熊或老虎在人来人往的夜市里出现呢！我更喜欢和一大堆人一起挤着看走江湖卖膏药的表演，总之，那时候的夜市不是只有吃的或卖一些便宜的日用品，除了可以凑热闹之外，还有许多免费的节目可以看呢。

我想我们很少逛夜市的原因或许就是现在的夜市只剩下吃的，没有好玩的。

不过“吃”这件事，对于大部分的华人是非常有吸引力的，古代的《汉书》就这么写着：“王者以民为天，而民以食为天。”甚至道貌岸然的孔老夫子也这么说：“礼之初，始于饮食。”

其实不只华人喜欢吃，很会吃，“吃”是所有生命最基本的天性，饮食甚至可以说是人类文明产生的原动力呢！英国牛津大学历史学教授就曾这么说，食物是世界史里最重要的课题。发明烹饪，因此发展出共同进食的社群，是人之所以为人的分水岭；然后随着饮食的复杂与仪式化，吃东西对人类的意义已经不再只是为了活下去，而有了文化的内涵；然后畜牧的发展，从狩猎到生产，再到农业的发明，更是人类文明进展的里程碑；直到近代饮食工业化，食物大量制造与长途运输，更与现今的环境、生态以及人类的未来息息相关。

每个地区、每个民族，都会发展出独特的饮食文化，爸爸有位会算命的朋友甚至说：“从每个人喜欢吃的食物，就可以探究出一个人的性格乃至于一个人的命运！”有一部很出名的电影叫《芭贝特之宴》，一个隐居到小村庄的五星级大饭店主厨芭贝特，以一席丰盛精致豪华大餐带给那些严肃死板的清教徒很大的心灵震撼，影片探讨了宗教修行与享乐，认为匮乏的物质生活才会让人愤世嫉俗，正常的物质需求一直被压抑，反而会产生极端的情绪与彼此的恶意对待。

英国作家伍尔芙曾经这么说：“如果没有好好进餐，那也没办法好好思考，好好爱。”不知道是不是真的如伍尔芙所讲的一样，我觉得**华人在生命中任何高低起伏的时刻，不管是婚丧喜庆、迎新送旧，都是用吃来表达，甚至赔罪、谈判，几乎什么事情都可以在饭桌上解决，真是**

神奇啊！

我们一起看过一部很好看的日剧《甜心小厨师》，影片主角用每个人对独特意义的食物的怀念，让受伤的心灵得以疗愈。的确，每个人小时候吃过的妈妈亲手煮的饭菜，都是一辈子幸福难忘的滋味，食物拥有让全家人共享美好人生的力量，这也是我们大部分时候都在家里用餐的原因吧！即便妈妈煮的饭菜很简单，远远比不上外面餐馆的丰富，可是我们真正感受到的不只是食物的味道，而是整个用餐的氛围。

我们会全家人逛夜市或上餐馆，大概就是旅行或住到外地时，会通过当地的小吃来认识当地的风土民情与文化。作为知识学习或生活的调剂，偶尔吃一些不是那么健康的食物我觉得无伤大雅，但是若经常“不假思索”“无意识”地吃进许多我们不清楚怎么制作生产出的食物，的确就会影响到我们的身体健康。

夜市里非常便宜又好吃的食物，大都是高糖、高盐、高油脂的，吃多了真的不好。更麻烦的是许多分量轻看似无害的小吃，其实热量超高，比如汁多味美的小笼包，一口一个，我们大概很难想象小小一个就有一百多卡，吃一笼十个加上一小碗酸辣汤，热量就快接近我们一天需要的总热量了。

另外，小小一碗红豆芋圆，热量等于一碗半的饭，一个米糕等于一碗半的饭加上两汤匙的油，一份蚵仔煎也约等于一碗饭加上两汤匙的油，甚至在夜市中人人一手一杯的珍珠奶茶，更是等于一碗饭加上两匙的油。更麻烦的是其中加的是奶精并不是奶，而脂肪，也大多是那种大自然不存在、人工制造出来的反式脂肪，也是造成血管堵塞的罪魁祸首。

除此之外，走在马路上远远就可以闻到香味可传千里的盐酥鸡，更是集高热量、高油脂、高盐为一体，是最可怕的危险小吃。爸爸非常喜欢吃的油炸臭豆腐除了热量高之外，油炸产生的自由基和致癌物质，对人体也有很大伤害，幸好爸爸这几年已经很少吃，顶多隔一年半载真的嘴馋时，才会点上小小的一盘。

记得你们问过我，有没有可能将那些传统的台湾小吃改用不伤害健康的烹调方式？我想这不太容易，因为高糖、高油、高盐的食物比较吸引人，真的改用口味清淡的煮法就没办法那么好吃了，这跟人类的天性有关。

因为在人类数百万年的演化过程中，大部分的时间都是在大草原中以狩猎与采集为生，人没有交通工具无法长途跋涉，又没有冰箱等储贮装备，从大自然中获得油脂与盐的机会是很不容易的，因此人类的求生本能会让我们一有机会获得油与盐时就会觉得很好吃，拼命补充，对于热量也是如此。可是现在人类科技的进步，我们已经可以用非常低的成本，轻而易举地大量制造，在各种食物中大量添加，也就让我们吃进了远远超过对自己有益的数量，也就造成许多慢性病与各种癌症。

其实从最近塑化剂添加在食品中的事件你们也可以知道，现在的食品加工业多么厉害。完全用化学合成制造出来的原料，居然可以调配得酷似天然果汁、天然食品，我们只凭视觉、嗅觉、味觉，几乎都分辨不出来，真是太可怕了！

幸好我们家吃的东西大部分是“真正的食物”，也就是可以确定它们本来的样子，也就是从土地里长出来的样子。在这个容易造假的时代，饮食真的有很大的学问啊！

爸爸

节奏

看画展、听讲座，考试暂时摆一边

从容的生活步调
就是“美学”！

TO B宝：

分针秒针齐指十二点，铃声响起，是自由解放的救赎，是寒假的开始！校园里、走廊上一片尖叫声，大家如脱缰野马、四处乱窜，争相询问彼此的寒假计划。九年级的我们，却没有狂喜的心情，今天的结业，也就是明日的寒辅。糯米喜滋滋地抱着几米《走向春天的下午》的画册、门票以及高更画展的介绍走来，我们偷得浮生半日闲，抛开繁杂琐事的羁绊走入了一场艺术探险。

充满热带的气息，鲜明的色调飘来丝丝暖意。我喜欢高更晚期，在大溪地创作的自然朴实的作品。大溪地人皮肤黝黑，结实的肌肤、神秘的眼眸在他的画笔下充分表现出来。抛弃所有荣华富贵、文明的生活，投向荒野、自然的怀抱，回归原始。高更没有趋附当时的主流画派，坚持走自己的路。

我的生活如何呢？我也似乎找到了节奏。不再为了表面的分数而影响情绪，却会因为扎扎实实地把问题厘清感到快乐。学会在即将灭顶前，找到游回海平面的方法，一步一步，生活渐渐有了固定的步调，不会为了天外飞来的事物而脱轨。

其实，九年级的生活很丰足，把“好苦！”换作“好补！”，心情就不自觉豁然开朗。

结业式隔天，同学们已经开始钻进书堆中，郑教授的超级粉丝——妈咪，却鼓动我们参加音乐欣赏。教中文的郑郁卿教授，介绍古典音乐的方式独特而魅力十足。想起很小的时候，郑教授容忍我们边听古典乐，边打盹的快乐时光。这次谈的是电影《交响情人梦最终乐章》中的古典音乐，电影结尾野田惠和千秋合奏莫扎特的《D大调双钢琴奏鸣曲》，两架钢琴散发出的音乐像在竞逐又似嬉戏，千秋回想起过去的点滴，有一段内心独白特别感动我：“……即使要忍受着漫长的孤独，要经历痛苦的淬炼，只要想到彼此共有的快乐，什么困难就都可以克服。”

是的，只要回想起和家人看电影的精彩时光、与朋友登山和K书的日子，就燃起全新的动力。这些也都是我生活的节奏，相信自己的脚步、倾听自己的旋律！

A宝

TO A宝：

第三次段考结束了，宣告着九年级生涯将迈入最后慷慨激昂的第四乐章。

回顾这个学期，有人形容如炼狱般的生活，有人认为是斯巴达军事训练，你觉得你的生活如何？我想，若要说我的生活令人窒息，未免太严苛了！但要说是悠闲自在，又似乎是天方夜谭。我隐约找到了节奏，像海浪般的韵律，宛若前几天在画家几米和高更身上，发现的一波波独特的振荡。

几米的旋律是小夜曲般轻盈柔美。他原本是广告设计工作者，因为血癌他开始画“自己”。每一幅画、每一个笔触都好像是重新再造自己。记录了生活中的点滴信息，捕捉生命瞬间的氛围。是的，几米画中蓝衣小女孩的背影，总能吸引好奇的目光；兔子的百态神情，也常引起惊叫。但是，我喜爱探索他提笔创作的心情。几米在那白色天地间尽情翱翔，他不仅画了一座乐园给自己，也将这份情散播在人间。

高更的旋律如交响乐般充满变化。北美馆用强烈的橘红色代表高更，我认为这是大地的颜色。展览的主题是“永远的他乡”，高更热爱土地并不限于出生地法国，他游走各地为的是寻找平静，摆脱文明的影响。高更吸收了各大派系的创作手法，开创了“综合主义”这种简化、主观、形体不清楚的画派。他没有迷失于塞尚、毕沙罗的风格，在“三个大溪地人”的作品中有浓浓的原始味，高更自称野蛮人，这就是属于他的节奏吧！

同为艺术之子，几米和高更的创作截然不同。但唯一相同的是他们“忠于自己”的精神——选择跟随自己。

我想我也听见了自己的旋律。

B宝

从你们小时候开始，只要有著名的艺术大师来台湾展出作品，不管看得懂或看不懂，妈妈一定会带着你们挤在人群中朝圣。其实不管在当地旅行或我们全家到国外旅行，参观当地的博物馆、美术馆或各式各样不同的主题，只要有展览，一定进去看。这很像爸爸小时候跟着奶奶参加进香团，只要看到有庙就进去拜一样，我跟在大人屁股后面一路拜，根本不知道自己拜的是什么神。

我其实很好奇，你们怎么能够那么厉害，不管什么展览都能够有耐心地看。我猜，或许你们因为自己的经验而能体会到表面上看来即便微不足道的小展览，背后都是许多人的心血。你们从小学四年级起连续很多年参加科学展览比赛，你们自己设计制作展示挂图时，对于每个字句或表格该如何呈现，都费尽脑筋，而且你们也看到荒野保护协会的志工们在参与展览或准备各种摊位展示时，总是反复讨论与构思如何用最简单、最清晰的方式表达最多或最深入的内涵。因为如此的体会，我们相信只要我们用心参观，应该都可以从似乎平淡无奇的展览中学到一些东西。

不过，也有很多次，包括花费巨资的国际大师到台湾展览，你们看了半天，却看不出所以然，而且大部分我都没有跟你们去，难怪你们偶尔会疑惑究竟要不要去跟一大堆民众去凑热闹。

我不太去挤这些国际艺术大师的展览，因为一般是你们可以去的时间我没有空，而且我很不喜欢和一大群人挤着，然后花很多时间排队，又被人群匆匆推挤着前进，只能快速浏览那些作品，若我真的对哪一位大师有兴趣，我宁可出国时到他专属的美术馆很从容地静静观赏真迹，否则我会干脆在家里阅读印制得非常精美清晰的专刊或复制画。

不过，这是对于我个人而言，至于你们，我还是觉得可以到现场去感受一下氛围，参观本身就是对大师的致敬，也是在表达对艺术的憧憬，而且，只有社会上愿意去参观的民众众多，才能支持主办单位继续筹划这些艺术展演，同时也能激励更多本土的艺术创作，长期来说，对提升台湾社会整体的文化水平也会有帮助。

看完展览后，有时候你们很感动，有时候又觉得很枯燥，这中间的差别，主要不是来自于作品或主办单位，而是牵涉到你们自己的准备够不够。当你们对作品的背景、主题或作者在历史里的意义都还不清楚时，收获当然就很有限了，这也是为什么妈妈在参观之前，都会先到图书馆借相关的书要你们看的原因。到了现场也一定会预约专人导览解说或租借自导式解说录音，因为任何艺术创作都一定不是凭空蹦出来的，而是会跟作者当时所处的社会或时代有关，同时每个艺术领域也有各自不同的技巧与表现手法，这些知识了解得愈多，对作品的领略也会愈多。

不过，爸爸觉得，这种欣赏还都只是在知识或理解的层次，若能进入到情感或生命的体会，那就更棒了。比如一个人一辈子着迷于陶瓷艺术，他可以飞越千里去看一个刚出土的古代陶器，当他见到数十年来朝思暮想的真迹时，心中或许会浮现“死而无憾”的快乐。而一个知识渊博的学者或许只是很高兴可以拍一张相片，当做他未来演讲的素材。至于对一位不懂也没兴趣的人来说，真要把那件古陶器送他，搞不好都嫌太重呢！

因此，不管我们欣赏一件艺术品，看一场表演，听一场音乐会或到一个名胜古迹，人会不会感动，有没有收获，绝对不是我们看到了什么，而是取决于我们内在的记忆或感官有多少准备。

这些准备，必须来自于我们平日的生活经验，来自于我们心之所向或生命有所追寻、有所憧憬的长期累积。

甚至对于美的欣赏与学习也是如此，曾经有人请教毕加索，“如何欣赏艺术？”他回答：“为何不先试着去了解鸟儿的歌声？去爱这朵花、这个夜晚，去爱围绕身边的一切事物，试着了解它。”

著名诗人与画家席慕容也这么说：“如果一个孩子在他的生活里没接触过大自然，譬如摸过树的皮，踩过干而脆的落叶，我就没有办法教他美术，因为，他没有第一手接触过美。”另外，你们很喜欢的作家龙应台也曾表示：“上一百堂美学课，不如让孩子在大自然里行走一天，教一百个钟点的建筑设计，不如让学生去触摸几个古老的城市，讲一百次文学写作技巧，不如让写作者在市场里弄脏自己的裤脚。玩，可以说是天地之间学问的根本。”

我们所说的美，或“美”化为可以表现的艺术，通常包括了绘画、音乐、舞蹈与戏剧等。“艺术”顾名思义，包括了“艺”与“术”，带有很浓厚的技术的成分在里面，但是一个技能高超的工匠与艺术家的差别，就在于是否有思想与创新的表现，是否超越了实用功利的价值。就像是德国大哲学家康德说的：“美是一种无目的的快乐。”换句话说，当所作所为都考虑到最现实的“目的”时，就丧失了美的可能性。

对比观念的描述，我觉得最动人的是哲学家怀海德所说的：“自有人类以来，不知有过多少落日时光，忽然有一天，看着西方的落霞，而‘呀’了一声，人类的文明自此开始。”

是啊！野蛮与文明区分的关键，就来自于对美好的感怀与赞叹，这种美可以是大自然，也可以是生命的感受！就像蒋勋老师所说的：“美是记忆，是感谢，是关怀，是很多的怀念，没有这个部分，绝对没有美，不管对自然，对人，还是对土地都是如此。”

美是一种累积，是一种思想的习惯，技术与表象只是美最肤浅的部分，而不是美的核心。所以，怀抱着感恩谦虚的心情认真生活，就是最好的美学教育了！

爸爸

压力

永不止息的考试压力

成功的反面，不是失败，而是放弃！

TO A宝：

那天夜漆黑着，咔，我们踏进家门，跟往常一样在墙壁上摸索开关，叮，橘黄色的灯光迅速赶走了冷清，摆好鞋子，猛然一抬头，一罐羊乳片、一盒蛋糕和一本贴满一周大事的笔记本安放在大书桌上。“啊！一定是外婆。”

纵使，窗外雨淅沥地下着，外婆独自穿梭在巷弄间，只为了将满溢的情送达，只为了用爱灌溉我们逐渐干涸的斗志。近日，为了“赢战”基测[①]，每每夜读，支撑我们的便是源源不绝的爱的力量。一幅幅动人的画像，依旧清晰。清晨，我被那浓郁的擂茶香唤醒，妈妈常常加班，总有交不完的报告，但只要是我们的事，她总是优先处理。我们幸福地徜徉在爱的暖流里。

依旧清晰，那天老师们挥舞大旗，打下战鼓，引领我们向前冲！额

① 类似于大陆的中考。

头上绑着“必胜”，我们咧嘴大笑，一同欢呼、一齐呐喊。初中岁月，最令人刻骨铭心的不是“重量级”的考卷，也不是鲜红的成绩单，而是那可以为我们赴汤蹈火的家人的爱和超越血脉的师生情谊。各科老师像叮咛自己孩子般，不断耳提面命，要我们注意应考的种种细节；为了解答我们堆积如山、穷追不舍的问题，牺牲下课甚至午休时间；我们班的犀利人师还祈福，希望同学“会的都答对，不会的都猜对！”我们幸福地驰骋在用爱砌筑的跑道上。

我是蓄势待发的利箭，强韧的弓蕴含了满溢的爱，一声令下，咻——迅疾地笔直射向箭靶，命中红心。《牧羊少年奇幻之旅》书中有言：“当你真心渴望某样东西时，整个宇宙都会联合起来帮助你完成。”我将此话作为我的盾牌。电影《深夜加油站遇见苏格拉底》中有句台词：“战士，从不放弃自己热爱的梦。”我将这句话作为我的利剑。手持盾牌，握紧利剑，踏上寻梦的崎岖路途。

“游走于崎岖的峰谷”，我领悟到“成功的反面，不是失败，而是放弃。永不言败即是成功”。勇敢寻梦，没有一颗心会因为追求梦想而受创！ 当你我向基测“下战帖”时，便宛若《老人与海》中那老者向超大的马林鱼宣战，昂扬的身姿便是我们最佳的写照。

B宝

TO B宝：

我也记得那天，八百多位即将上战场的初三同学，头绑着“必胜”布条，在校长、主任、老师们的带领下，齐聚活动中心一起呐喊。那天，吃着家长们准备的象征性食物：包糕粽配上包种茶。那天，拿到老师、家长们为我们祈过福的准考证……

记得，有次模考差点信心全毁，舅舅拿他曾经挫败的经历开导我："一时的挫折并不会造成永远的失败，只要肯努力，路就无限宽广。"记得，有次考完作文很沮丧，脑袋里明明有许多题材，却没好好发挥。老爸安慰我，说我像布袋戏里武功高强的老和尚，因为会的招数太多了，遇到真正要出招的时候，反而不知要出哪一招，总是被对手追着跑，每次都是小和尚提醒，老和尚才想起自己会的招数，把对手打跑。爸妈从不要求我们的成绩，始终只关心我们的困难。

这些爱的能量有如一弯弯暖流，不断地注入我们的心田。

基测横在眼前，每天都要瞥一下逐渐变"瘦"的倒数日历，有些刺激又有些畏惧。总会因为担心得不到自己想要的，而心生恐惧与烦恼；担心遇到素不相识的题目，而害怕与惶恐。每回不安的念头升起，便以《牧羊少年奇幻之旅》中的一段话鼓励自己："当我真心在追寻我的梦想时，每一天都是缤纷的，因为我知道每一个小时都是实现梦想的一部分。"相信没有一颗心会因为追梦而受伤，因为逐梦的片刻，皆是与永恒相遇！也感谢老师的勉励："基测这场战役，没有人会阵亡，不管结果如何，都会因为它而使我们成长，并变得更睿智。"

更重要的是，在这段过程中，有满满的爱滋润、陪伴我们。因此，感谢一切吧！"在黎明时怀着一颗长了羽翼的心醒来，感谢能有另外一天去爱，去享受爱；在午时憩息而默思爱的狂喜；在黄昏时怀着感恩回家，而后在心中为所爱的人祈祷，在唇间唱着一首赞美诗，而安睡。"

当爱的能量充盈心中，我不再焦虑，不再患得患失。我要以沉稳与平静，享受回答每一道题目。也诚心祝福每一位考生在钟声响起后，有最精彩的表现！

A宝

这个星期你们就要大考了，这次因为是北北基联测[①]，基本上算只有一次考试机会，所以大家难免都有一点紧张。

这十多年在教育改革的大旗下，考试与入学方式几乎年年调整，目标当然是要减轻你们的考试压力，但是我看啊，压力似乎没有减少，反而增加另一种必须考满分的压力。

因为基测的题目是所谓“中间偏易”的题目，换句话说，也就是没有鉴别度，对于程度好又想上心中的第一志愿的学生而言，反而形成另一种折磨。因为只要各科总计“不小心错一两道题”，就与前几志愿无缘了。

反观我们当年，各科加起来，错四十题，都还可以上建中。**只允许错一题两题跟可以错四十题，这对于应考的准备与心理的压力，差异是何等的大啊！**

前些天应原声教育协会阿贯老师之邀，到前自然科学博物馆馆长，也是《科学人》月刊总编辑李家维教授在苗栗的玻璃屋聚会，某位官夫人也出席。这是第一次见到她，想不到初见面，尚未开口致意，她就问我：“你的AB宝有没有来？”

我有点惊讶地回答：“她们马上要考基测了，所以没有跟着来玩。”想不到她继续追问：“咦？你会重视孩子的功课成绩吗？”

我只好很不好意思地回答：“我是不在意她们的考试成绩，但是她们自己很想考上心目中的好学校，我也没办法！”

随后，李家维教授带着我们参观他所收藏的五百多尊台湾庙宇祭祀

---

① 指台北市、新北市、基隆市高中职联合入学测验。

过的神像，妈妈特地问说：“有没有文昌帝君[①]？等一下要帮AB宝祈拜求取祝福！”

这下子换李教授好奇了：“你们也会为了考试帮孩子拜拜啊！”

我们只好又是很糗地说：“来之前孩子吩咐的嘛！因为AB宝所有同学的家长都帮孩子到庙里拜拜，只有我们家没去拜，刚好今天可以顺便拜一下！”

其实李教授大概不知道，现在学生面对升学压力的主要来源，不见得是家长，通常学校老师恐怕比学生以及家长都要来得积极。这大概是受“少子化”影响，很多初中面临招不到学生，会有减班的压力，若是减班，教师人数就会超额，就有人得离职丢掉铁饭碗，因此各校莫不使尽全力拼绩效，吸引学生就读。

其实他们不知道，你们除了功课与考试压力比我们当年还大之外，还增加了许多我们觉得“奇奇怪怪”的仪式，如今已在初中里形成常态活动。比如全校应考学生齐聚一堂，头绑“必胜”布条，老师击大鼓祈福，学生高喊口号与心中的理想志愿，祈求“上达天听”，考出好成绩。

另外，老师也会影印所有学生的准考证，统一到庙里面拜拜，家长们也会订粽子，经过祈福后，再发给每个考生吃。

其实当我听到你们回家跟我说这些活动时，还真令我吃惊呢！不过B宝的老师倒是相当可爱，那么郑重其事地在黑板上写下“会的都答对，不会的都猜对”，并且祈福祝祷，差一点让我笑掉大牙！

幸好我看你们调适得很好，也能感受到长辈们对你们的关心与祝

① 文昌帝君为民间和道教尊奉的掌管世人功名禄位之神。

福，也很高兴你们能用以前看过的书和电影来自我勉励。

《牧羊少年奇幻之旅》教我们乐观、不畏艰难并且勇于追寻自我与梦想，而《深夜加油站遇见苏格拉底》这部电影你们也看过两三次了，电影澄清了学习的真实意义，不是追求名次与胜利，而是享受学习过程的乐趣。

不管考试的结果如何，我都以你们为荣，因为在这两三年里，你们的自律，以及从内心里呈现出对学习的主动与热情，只要能维持这种态度，不管读什么高中都没有关系，因此放轻松心情去应考吧！

爸爸

A宝问：

如果我坚持要当“拒绝北北基”的小子，你会有何感想？

爸爸答：

如果这是你清楚想过后的决定，我当然会支持你，不过你要先提出可以说服自己，也可以说服我与妈妈的理由与具体表现。在目前的社会中，依照现有体制读中学、大学，其实是一个比较容易走的路，但是不见得适合每一个人。我认为在现有的求知管道这么多元的情况下，真的不一定要读中学、大学，反而是保持热情，不断自我学习，把握各种机会接受挑战，比学历重要得多了。

B宝问：

如果我不想读书，你们要如何说服我读书？

爸爸答：

我不会用言语去说服，但是我会想办法让你们自己体会到读书的重要性，当然，我所说的读书不是指学校的考试或教科书，而是面对这个愈来愈复杂的社会所必须具备的知识与技能。

要让一个人体会，最有效果的方法是丢到真实的情境里，或者塑造适当的环境，像古代孟母那么重视教育、关心孩子，但是她也知道自己一个人的教导比不上环境的影响，所以她要“三迁”，帮孩子找到一个可以触发他努力向上的环境。

自学

阅读达雷尔，吸一口自然的芬芳

带得走的能力比学历重要！

TO B宝：

呆望着落地窗前异常灰蒙的天空，狂怒的沙尘暴呼呼地吼叫着。脑里仍思索着那仿佛千古之谜的几何图形，连日的苦读，不知不觉双眼早已布满血丝。

在这打仗般的日子里，总让我怀念起小时候参加炫蜂团，在荒野里翱翔的美好时光。每当忆起童年时在自然中玩耍的日子，便会从书架上找出《希腊三部曲》，借由这本书、借由达雷尔，来捕捉记忆里的余温。

一个小男孩、一只小狗在充满阳光的克基拉岛上飞奔，如电影镜头，在脑海中一一浮现。有时，会羡慕在家自学的达雷尔，能随心所欲、没有忧愁地投入自然的怀抱。参加乌龟婚礼、帮蝎子大家族找间房子、观察鸟儿的动向、欣赏昆虫的姿态、看星星、听海涛……还有很多怪咖老师带领他徜徉于自然中，体会大自然的真谛。达雷尔真是幸福。

在家自学比较好吗？

这个话题经常被提出来讨论，根据社会课提到不同年龄层在家自学的统计结果，发现原本小学阶段在家自学的学生，上了初中都步上了传统正规的轨道。身在台湾，平凡如你我，是没有选择在家自学的条件的。呵！你可看到我们班的班训——认命。

达雷尔令人惊奇的童年，使我陷入怀旧的旋涡里。呼——窗外的沙尘暴发出更低的吼叫声。把我从回忆中吹回现实。书桌上，那几何图形仍躺在那儿。咦？怎么恍若成了喜欢爬在我手上的红星天牛呢？

达雷尔的《希腊三部曲》，连接了我的童年。伴随着大自然曾给我的力量，又有了元气，准备迎接接二连三的考试！

A宝

TO A宝：

湛蓝的地中海上，浮出了一座小岛“科孚岛”。在这个希腊小岛上，矗立了一座白色的大洋房。随时都能见到一个小男孩，趴在地上，观察小蚂蚁行走的路径；或者高举着网子，向前飞扑，捕捉那翩翩起舞的彩蝶；或者与放羊的孩子一同卧躺在草原上，欣赏白云的千变万化。他是一个无忧无虑的小男孩，不用担心明天考试不及格，不用担心被几何图形吞噬，也不用担心被摩尔浓度给稀释。小男孩分享了如天堂般的童年，谱下了《希腊三部曲》。

在家自学的达雷尔，接受多位“怪师”熏陶：有时带着放大镜上课，有时又得学会照顾那些千奇百怪的鸟朋友。A，你认为在家自学到底是好是坏？如果依照当时的环境，虽然生活仅限于那么一丁点大的小岛上，但是充满热情的邻居、可亲的村民、浓郁的人情味、淳朴的乡间生活，这种自学生活，应该是童年的首选。

如果将场景拉回到台北大都市，生活只局限在几坪大小的屋间、几公里小区。在面对多元文化、国际性的社会，似乎“闭关自学”并不是明智之举。**学会与人互动、合作，才能在适当的时机向未来踏出宽阔的脚步吧！**

跟随着达雷尔与他的最佳拍档——小狗，一起寻找大自然的规则。从嫩叶上的露珠、从凹陷的泥土、从蜗牛身上的纹理，抱着一份轻松与愉悦、抱着一丝期待与惊喜、抱着无限虔诚，大自然必会敞开双臂毫不保留地传授着。

达雷尔集天时地利人和而得以在家自学，置身大自然的怀抱，享受丰富生动的课程，是最幸福的体会。通过他活泼动人的描绘，我也分享了他的幸福。

B宝

爸爸第一次看到达雷尔的书时，正与一群朋友筹备成立荒野保护协会，《希腊三部曲》里面描述孩子与自然生命的互动，或达雷尔一辈子为生态保护所作的努力，也影响了我们对于荒野保护协会成立后活动的规划与设计。

你们第一次看到《希腊三部曲》时，是小学三四年级吧！那时“荒野”（荒野保护协会）已成立炫蜂团，那是专门提供给亲子共同在大自然里学习与成长的团队。你们看的版本是野人出版社重新排版的书，记得你们当时的反应，跟我以及跟全世界所有读者的反应都一样，不时捧腹大笑，爱不释手并且舍不得看完。

【浪漫生活清单】

● 书：《希腊三部曲》《现代方舟 25 年》

可是假如我们只看见达雷尔童年与家人与动物之间那么搞笑的情节，就太可惜了。在他另一本书《现代方舟 25 年》的序里，译者认为，大概是他幸运地从小能在充满爱的环境中长大，不管是与家人的亲密关系或与鸟兽虫鱼自然万物之间的爱，都让他一辈子拥有童真浪漫的心情，即使在容易使人绝望的环保界历经沧桑，也只准读者在令人喷饭的幽默中与他分担。

达雷尔的这种态度对爸爸的影响非常大，这也使得荒野在从事“容易使人绝望的生态环保领域中”，鼓舞自己要乐观，永远从正面积极的角度来努力。

达雷尔写了几十本畅销世界的书，也拍摄过无数有关动物的电视影集，他创办的动物园与国际野生动物保护信托，为人工复育濒临绝种的动物作了许多典范与贡献。

不过，他也知道，他的动物园只是动物复育后暂时的避难所，不是一个可以永久生存的天堂，他的努力，目的是期望能让野生动物在方舟外的真实世界中生生不息。所以动物原本生存的环境，我们称为栖息地，若是已被破坏，人工繁殖复育再成功，也无法达到保护的目的，因此栖息地的保护其实是最重要的，你们有没有注意到，荒野保护协会的宗旨就是要保护动植物以及一切物种的栖息地。

也有人认为，达雷尔长大后还能保持顽童般的个性与执着的热情，是来自于他几乎没有上过学，没有受过制式教育的污染。因为他从小到大都是在家自学，十岁时他们从英国搬到希腊的科孚岛，当然也没有上当地的学校，家人依他的兴趣请家教来指导，大部分时间是在野地里闲晃，度过了美妙的童年。这是他生命中收到的厚礼，他也再转赠给世界，以及他的读者。

就像我们搬到花园新城，让你们接近大自然，在自然中玩耍与成长，相信大自然可以带给你们的，绝不只是表面的色彩与线条而已。在花开花落、月圆月缺的四季循环中，有一种无穷的生命与力量的展现，当你们面对浩瀚的星空或登高望远而有所遐想时，这就是胸怀的养成。

画出《蒙娜丽莎》的欧洲文艺复兴全才达·芬奇说："人的五种感官，掌握了人的灵魂。"可惜现代人的感官早已迟钝，整天待在几乎全是人造而无生命的环境里生活，思绪精神都淹没在排山倒海而来的文字与电子图像的信息大海中，我们已经离真实世界愈来愈遥远。

有的孩子上学后，整天上课与补习，已无暇关心考试之外的事，不再感受到有风、有花香、有鸟鸣的真实世界，也无法发展出带给生命热情的兴趣，连带也失去了对美好事物、对生命的感觉。

其实，感受能力的提升除了能够帮助你们欣赏美的事物，还能够有效加强学习能力，甚至发现自己的潜能与天赋。

你们很羡慕达雷尔的生活，但是你们也应该知道，在目前这个时代，像这样的教育方式，似乎愈来愈不容易，A 宝也这么"认命"地说："平凡如你如我，是没有选择在家自学的条件的。"

你说"认命"是你们的班训，大概是老师要你们安分地接受每天写不完的题目与考不完的试吧？不过，我倒是颇好奇，你们认为在家自学究竟要有哪些条件？

其实你们在小学阶段，也认识几位好朋友选择在家自学，但是他们上了初中后也一样到学校上课了，回归传统的轨道，同样接受升学考试的挑战。

跟大家一样，当然是比较安心、比较容易的选择，可是有一个问题，若是全部的孩子都选择安稳的路，那么如何活出每个人的特色？

另外一个问题是，若选择一般升学考试的路，大家都想考上很有限的明星学校，只好将中学的全部时间、全部精力都用在反复考试、反复做测验卷上，为了竞争那一分两分的差距，牺牲了考试之外的所有世界，这到底值不值得？

如果我们不是当事者的话，爸爸绝对可以很大声地说："花全部时间在准备考试上当然不值得，成绩当然不重要！带得走的能力比学历重要！"

可是当你们很认真地写作业，应付永远考不完的试，爸爸要你们请假出去旅行常常被你们拒绝，我也只能摸摸鼻子放任你们在灯下苦读。

记得A宝在初一时，有一天忽然有感而发地说："我没有特殊才能，看来只好认真读书了！"我不知道你们什么时候开始体会到，上了中学以后，要脱离一般的求学常轨，还真的要有特殊兴趣与发展特别的专长，不然只好"平凡"且"认命"地乖乖读书。

其实爸爸没那么悲观的，我认为即便在体制内面对升学压力，也应该在下课、星期假日或者寒暑假，找机会进行多元学习，虽然目前你们自己也还没有发现有哪些特别的兴趣或专长，但是不用急，只要通过课外阅读广泛地学习，然后有机会就多参加一些课外活动，多认识一些人，到了高中、大学也有许多社团可以参与，相信慢慢地总会找到自己真正的天赋与兴趣。

爸爸

TO B宝：

清晨怀着一颗长了羽翼的心醒来，期待新的一天能爱、能享受、能充实自己。以一天一本的神速阅读新知、一天一部电影汲取新观念、一天一单元英文与世界接轨、一天一招数欢欣地与扯铃共舞，日子又注满了活力！

阅读格拉德威尔的《异类》猛然一惊，原来成功和我们想象的不一样。在夺目的聚光灯下，我们常忽略成功者努力披荆斩棘的背后，即使了解成功者的艰辛路程，也认为他们除了不断努力外，必定不放过一丝机会。但要努力多久呢？"十年寒窗无人问，一举成名天下知"，十年代表一万个小时的苦练，一万个小时就是敲开成功大门的神奇数字。拉德威尔列举许多成功人士的例子，发现这一万个小时（十年间每天练习三小时，三乘三百六十五乘十，一万个小时之后，才会成功！）是他们的共通点。我常常练一个小时扯铃就喊累，弹一个小时琴就喊苦，若想要获得些许成就这些根本不算什么。

书里也举出一些靠机会成功的例子，这些机会看似不起眼，却是制胜的关键。一项惊人的统计：曲棍球职业好手，几乎都出生于年初。因为一至三月出生的孩子比同年其他月份出生的孩子高大些，这小小的差异使他得到更好的机会，表现得更出类拔萃。

“学会脱离部分身份，摆脱传统的束缚”这也是成功的必要条件。格拉德威尔以韩航坠机事件为例支持这项论点，根深蒂固的阶级之分，竟成为语言上的束缚，以致员工发现上级长官作出错误的指令时，不敢提出指正，无法进行平等的沟通。**我常常以自己的角度剖析事情，固执己见，缺乏宽阔的视野。《异类》提醒我放下成见、身段，以恭敬平等的心面对挑战。**

我们无法预见未来，无法预测即将进入的学校、升学考试的题目是不是符合我们的胃口，更不知道机会会不会降临在自己身上，但我们要先准备好自己，以坚信的姿态迎接，随缘发展。相信每一个结果都是上天最好的安排，命运会引领我们进入属于我们的天空飞翔。

A 宝

TO A 宝：

早晨终于可以细细品味清新的空气和紫啸鸫[①]清脆的叫声，傍晚享受斜照的丝丝暖意和绚烂，深夜黄嘴角鸮[②]奏着摇篮曲伴我们入眠。每

① 紫啸鸫，俗称鸣鸡、乌精。主要特点是全身羽毛呈黑暗的蓝紫色，嘴、脚为黑色。

② 黄嘴角鸮，主要生活在海拔 1000~3000 米的高山常绿林中，在台湾，则栖息在低海拔的树林中。

天可以肆无忌惮地沉浸在书海，被动人的文字和故事深深地吸引……

吴祥辉先生送给儿子的毕业礼物《陪你走中国》以及“欧洲三部曲”，让人发现地理、历史真的可以这么玩！有趣又深入我们！我们在爸爸的推荐下拜读《拒绝联考的小子》，对即将展开的高中生活充满展望。除了见识到他平凡但不平庸的高中生活，我也看到了勇于思考的年轻人！拒绝联考？不是惧怕自己考不上大学或不想念书，他想试试不念大学是否仍可自我学习，甚至获得更多历练，于是他勇敢出走，另辟一条也许人迹罕至，也许崎岖的小径。当初，质疑的声浪频频传出，亲人的期许不知如何回应。拒绝联考小子的抉择艰难，支撑他的是坚定的信念和朋友。

《如果能长大该多好》曾引起各国媒体争相报道，天天登门拜访的记者抛出相同的困惑：“为什么你不接受心脏移植手术？”“这是我的抉择！我想回家。”十三岁的汉娜面对死神笃定地回答。来自各方面的讯息，有鼓励也有批评。许多人质疑：孩子这么小，会作出正确决定吗？汉娜的爸妈表示，如果她不想自己决定才会协助她。但汉娜坚定地回绝，细心且理性得令人折服：“我不能让父母决定，万一我情况恶化，他们会很自责！”艰难的抉择，支持汉娜的是永不放弃的斗志和家人的爱。

我喜欢书中一段话：“我是为了要活下去才说‘不’，也是为了要活下去才说‘好’！”每个人为了相同的目标，只要积极正向，不管采取什么方法，都是好的，都是最佳的！日剧《医龙》有言：“因为我有目标，所以坚持到底。”汉娜与拒绝联考小子都拥有无惧的坚持，恐怕是我们一辈子也学不来的勇气！不管最后结果如何，他们已经赢了！就像《拒绝联考的小子》一书中有人问他为什么不考，小子的知己回答：“已经考上了！”

抉择没有对错之分，只要真心地评估选择，就足够了！ 当我们回

头欣赏那段时光，也就能坦然以对。

考或不考二次基测，也许有些刚毕业的初三生心中波涛汹涌，想想汉娜，想想拒绝联考的小子，只要相信考与不考都是为了创造更美好的生活！决定似乎就不再困难！

B宝

基测考完发榜后，看到你们整天快快乐乐、蹦蹦跳跳，其实我比你们还高兴，并不是因为你们各自申请上心目中理想的高中，你们也知道，我们从来不在乎你们的考试成绩，只盼望你们能体会到学习的乐趣与养成主动自律的学习态度。

我松一口气是因为你们总算顺利度过了初中阶段。我觉得初中是所有求学阶段中最辛苦的，一方面是身心正急剧发展，同时来自同侪或师长的功课压力也非常大。恭喜你们顺利毕业，我无法像吴祥辉陪儿子进行一趟漫长的旅行作为毕业礼物，但是我们父女三人这些年一起看电影、一起沉浸在阅读世界的时光，相信这就是一份难得又美好的礼物。

在你们考完基测后推荐你们看《拒绝联考的小子》，是希望你们知道人生可以有很多选择的。吴祥辉是爸爸高中的学长，比我大五六届吧，我们还在读高中时，他的书刚出版，在当年的台湾引起相当大的回响，在那封闭保守的年代，他为苦闷的学生们开启了一扇充满想象的窗，也让大家重新思考到底什么是教育？体制内教育的文凭就是成功的

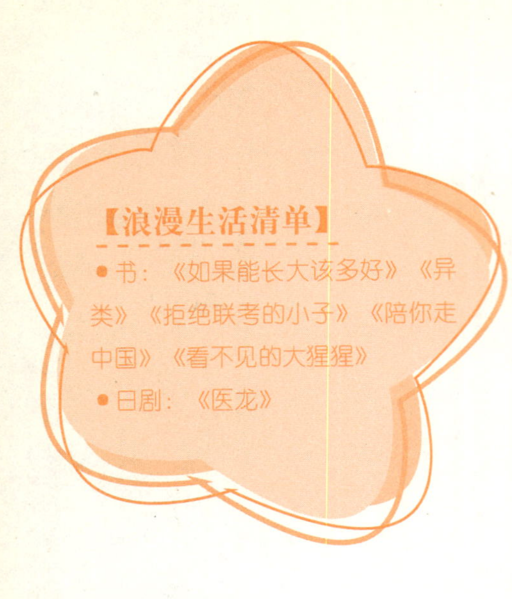

保证吗？你们成长的年代已是全球化高度竞争的时代，我想，你们在进入高中之后，应该会把这些前辈的质疑与选择放在心中琢磨，然后走出自己的路。

我总是觉得，一个人要随时提醒自己是自由的，永远有主动选择的机会，但是也必须承担选择的结果。

像《如果能长大该多好》这本书是真实的故事，2008年英初一名十三岁少女汉娜，拒绝心脏移植建议，成为第一位拒绝换心的重症病患，她的决定引起英国媒体的关注与报道。汉娜希望自己的生命充实愉快而不是待在医院眼睁睁地看着时间流逝，她要自己作决定，一方面是贴心地想到万一出了什么差错，帮她决定的父母会内疚；一方面她也想到，若是一切都依赖父母，就无法学到任何事。

不过话又说回来，当我们面对两难的痛苦选择时，只要能够安于面对结果，就还不算困难。我担心的是，当一切都太顺利时，或所拥有的太理所当然，我们反而会忽略掉其实我们可以有不同的选择，我们忘掉了人生无时无刻不断面临可以改变我们一生的选择。

不同的选择写下不同的故事，创造不同的未来。

的确，有时候只有一点点差异，却会造就非常巨大的不同。像A宝最近看了《异类》，仿佛豁然开朗般，不断地跟B宝推荐。作者格拉德威尔举了许多例子，列出统计数字，证明有些机会看似不起眼，却是成功制胜的关键，就像有人说“成功为成功之本”，起初也许只是一点点的鼓励，微不足道的小优胜，却让一个人有机会再往前走一步，如此一次又一次累积起来的信心与练习，造就出完全不同的人生。

我很喜欢看像《异类》这一类科学性的散文，这也是你们过去比较少阅读的书类，我打算找一些写得精彩有趣的社会科学以及自然科学类的书（像是《看不见的大猩猩》），我们一起阅读与讨论，当做你们进入高中课程前的准备工作吧！

爸爸

A宝问：

虽然大家都说“人生的道路很多”，可是我看每个人还是在走教育体制内的路，是不是除非有一技之长，不然路就很漫长？

爸爸答：

所谓“人生的道路很多”大部分是在事后回顾时的感想，在当下作选择时，哪个人不是充满不确定与跌跌撞撞的？身处在高度竞争与变化这么迅速的社会，或许单单只有“一技之长”恐怕也不太够用。不管是不是在教育体制内读书，想办法让自己成为对社会有用的人是最重要的目标。只要我们有把握不管时代或环境怎么变，我们都会是个有用的人，那么就会条条大路通罗马，不然即便在体制内获得很好的学位，可是因为个性或其他原因而无法与他人合作，那么进入社会还是会处处碰壁，无路可走。

B宝问：

要如何说服很看重成绩的家长不要那么在乎孩子的成绩？

爸爸答：

这不太容易，因为现代社会竞争太激烈了，大家都很焦虑，家长往往只能要求眼前可以掌握的东西，也就是孩子的成绩。我想，只有当家长有自信，孩子也有自信时，才能真正摆脱对成绩的执着。当然，如果媒体能多报道一些不同的人物典范，建立对多元社会、多元价值的肯定，行行出状元不再是口头上说说，而是真心尊重社会上各种不同的行业时，那么或许家长也可以放轻松一点了！

Part. 2

家人，我们最亲密的伙伴！

· 爸爸 @ 父女七日变

· 想当年 @ 幸福的三丁目

· 朋友 @ 投名状

爸爸

我们的美好时光！

顽童爸爸的浪漫计谋＝看书、看电影、看日剧……

TO B宝：

“父亲节到了，本店推出蛋糕八折优惠……”辅导课结束，瞥见学校旁的面包店张贴着关于父亲节优惠活动的消息。突然想起：父亲节到了！晚上大姑姑也来电，约定父亲节晚上家族成员和爷爷奶奶聚餐。

传统社会总是把父亲塑造成正经八百、严肃沉默、与孩子有代沟的形象。日剧《父女七日变》的中年爸爸如此感叹：“我与女儿的关系是从何时起变得如此不堪，这样下去，在她心目中，我的存在将会愈发的微不足道……”而女儿觉得爸爸过于啰唆、唠叨，总嫌爸爸是废物，经历了一次与爸爸换身之后，女儿终于了解了爸爸的苦衷与压力。而爸爸也体会到女儿青春期的生活与烦恼。学会设身处地地为对方想，事情就会变得豁然开朗。

虽然父亲的角色有所不同，表现爱的方式也不尽相同，但爱的厚度却是一样的。在《郎朗：我用钢琴改变世界》中，可以体会到父亲惊人而伟大的爱，朗朗的爸爸支持、陪伴着他登上世界的舞台；从电影《喜宴》中，可以感觉到父亲细腻中带着温柔的爱，为了顾全大局，不揭穿天大的秘密；借由《盖茨是这样培养的》明白父亲教养子女时，身教重于言教的用心；从电影《和你在一起》了解父亲对子女无私的奉献，爸爸的爱不像妈妈那样直接坦白，而是含蓄内敛的。

我们的爸爸像《汤姆历险记》里淘气、聪明又乐观的汤姆。遇到逆境、不如意的事情，总一笑置之。望之俨然，却藏着一颗温暖、细致的心。三五不时地向我们推荐一叠叠好书，书如振奋剂，是我们枯燥考试生活中的最佳滋养品。阅读，也成了我们最盼望的美好时光。

每晚，爸爸总会如顽童般，飞上我们的床与我们一同聊天。不过经常被妈妈给撵了出去，因为我们总是聊得太久太晚了！

父亲节，给爸爸最好的礼物就是珍惜我们“躺”在一起，一起快乐疯狂的日子吧！

你呢？

A宝

TO A宝：

何时忘记父亲节除了大饱口福还有更重要的意义？何时爸爸已不再是小时候的大树？何时爸爸开始步履蹒跚？

爸爸是强而有力的肩膀吗？有强烈男主外、男尊女卑老朽观念的人，也许你会直截了当地说是，看完《多桑》[①]我有了更深一层的体会。导演古朴浑厚的声音描绘出他眼中真实的父亲，那是个带着儿子看电影，半场却溜到酒家的父亲；是个行事冲动但会奋不顾身的父亲；是个

① 《多桑》，发行于1994年，由知名作家、编剧家吴念真导演。多桑，即为父亲。

努力但又有时会对生活迷惘的父亲。看着多桑大汗淋漓地在荒败的矿坑中推着陈旧的煤车前进；看着多桑围在一张小桌子整日赌钱不顾妻儿，相信导演认为无论父亲的形象是什么，父亲就是父亲，是不可取代的。

“爸爸在家里似乎是废物”，很多人都和《父女七日变》中的主角小梅心有戚戚焉，但事实真是这样？突然的意外造成父女角色互换，却也因此对彼此改观。小梅对不听爸爸话的同学说：“大人们是很努力的，不厌其烦地做着枯燥的工作来换取面包。”小梅的爸爸也劝气急败坏的同学父亲：“孩子不是去学校玩的，学习是很难的。”“就相信自己的孩子吧！孩子不会做出背叛父母的事！”小梅也要同学再想想“自己的父母就相信他们吧！这样父母就不会在孩子耳边发出扰人的嗡嗡声”。小梅发现原来爸爸在家里不是废物，是一个静默的倾听者，是一个值得信赖的朋友。

还好我们的爸爸不像《小孩不笨》里的爸爸只会问：“功课写了没？考试考几分？”他总用一贯怜悯的口吻说：“可怜的初中生，要不要看电影呀？”即使每次的回答总是“没时间啦！”爸爸还是不厌其烦地游说，只要我们一露出心动的表情，爸爸马上奔入影音数据库，抱出一叠叠他自己的珍宝，爸爸恐怕比Google还灵通吧！一输入关键词，顷刻间就能把精挑细选的上等“料理”整齐陈列在桌上。爸爸引诱我们三五不时看电影的“计谋”，害得我对电影有了难以割舍的迷恋之情，当然还包括满溢出来的感恩。

爸爸的爱填补了生活中的每个角落，而我们呢？父亲节似乎是最适合表达感谢的时机，画张大爱心贴在冰箱上好像太轻描淡写；帮忙捶背或拔白头发又太俗套，我能做些什么呢？

学学爸爸，我们将感谢化为随手拈来的行动，也许是平时多聊一聊，也许是减低对爸爸大声怒吼的分贝……

R宝

亲爱的AB宝：

你们记不记得在你们小学毕业那一年，爸爸将从你们出生起陆续写的生活札记整理成《教养可以这么浪漫》这本书，书里曾附了你们在小学四年级寒假作业所规定的经典名著读书心得，为了写那份作业，我们除了看指定的世界名著之外，爸爸还找了由那些名著改编的电影一起看，阅读之后也彼此分享心得，你们把我们讨论的内容记录下来，并配上插图，装订成一小册书，被学校选去参加全台北市的比赛，好像有得奖吧？

因为你们在“荒野”里的自然名是瓶鼻海豚与飞旋海豚（“荒野”每个志工都要取自然名，爸爸的自然名是野榕），你们将我们的讨论对话称为“豚与海的对话”，也当作那本小册子的书名。你们在文章里这么说明：“爸爸就好像是无边无际知识渊博的大海，而我像是好奇宝宝海豚。我们用问答的方式就好像大海与海豚的对话。最后这个篇章就这样产生了。

“我有一个独一无二的好爸爸，爸爸很喜欢看书，当然，他的女儿一定更爱看书！爸爸一看到好书就推荐给我。爸爸像个图书馆管理员，我要什么书他就二话不说地找给我。家里堆的都是书。放假时，我喜欢窝在家里看一整天的书。

“一本书就是一位作者心情、想法、智慧的结晶。我会随着书里的内容而心情起伏，当主角遇难时，我会感到紧张、担心；当主角获救时，则感到快乐、安心。阅读能增加语文能力，也能从不同角度、不同看法探讨这个故事或问题。书是一个知心朋友，我们要跟它做朋友！”

后来飞碟电台的主持人唐湘龙先生采访我时，就非常不服气，酸溜溜地表示："哇！孩子竟然把你当作无边无际、知识渊博的大海哦！"直嚷嚷着也要访问你们，非当场求证不可呢！

其实啊，如果他知道直到现在，我还常在你们上床睡觉时，溜到你们床上和你们一同聊天，他恐怕会更羡慕了！就像在《联合报》社上班的薛荷玉阿姨到我们家采访时，看到我们还可搂着肩，觉得非常不可思议呢！因为她知道许多父母跟青春期的孩子非常疏离，就像日剧《父女七日变》剧中一开始父亲与女儿的关系一样。

在《教养可以这么浪漫》出版之后，爸爸的许多"民生健士会"的老朋友，也就是从你们出生就一路看着你们长大的那些叔伯阿姨们，常常消遣爸爸："养孩子真的可以这么浪漫吗？"

那些孩子比你们小的，在为小孩忙得焦头烂额的叔叔阿姨有这样的疑惑，是因为在每个当下的辛苦是真实的，但是我们相信事过境迁再看，这些痛苦都会化为温馨或美好的回忆，有点像古人说的"古今多少事，都付笑谈中"的意味。

至于那些没结婚没生孩子的叔伯阿姨们常常消遣爸爸，多少也是在为女生主持公道，为妈妈叫屈，因为他们这几十年来常常在家里进进出出，知道做家事或照顾你们吃喝拉撒睡等例行事务主要都是妈妈在负责，我只负责跟你们"玩"。

的确，男生与女生真的不同，除了个人差异，整体而言，男女除了在后天成长环境或社会互动有所不同之外，连大脑结构也不同，没有谁好谁坏的问题，就像筷子与汤匙不能互相比较，大象与鲸鱼也无法判断谁比较强一样。

总之，男生与女生就是不一样。比如说妈妈对某些生活细节非常注重，爸爸往往大而化之，事情当然是由"在乎"的人处理或决定，爸爸也乐得"大权旁落"。不过妈妈把陪你们看电影、看书等这些"玩耍"的事情全交给我，我也很高兴地陪你们一起沉浸在这些精神享受之中了！

爸爸妈妈这样的分工，我们彼此都觉得很好，因为生活照顾与心灵成长，这两者对一个发育中的孩子都很重要，不能偏废。

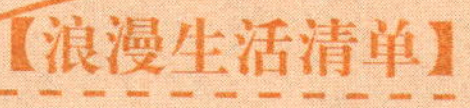

- 书：《郎朗：我用钢琴改变世界》《盖茨是这样培养的》
- 影片：《喜宴》《和你在一起》《多桑》《小孩不笨》
- 日剧：《父女七日变》

其实我倒是觉得爸爸在家里才是弱势的人耶！常常被你们三个女生欺负，表决一定赢不过你们，而且老朋友们看到我只是在陪你们玩，辛苦事都由妈妈做，认定我说的“浪漫”只是男生的片面之词，爸爸才觉得委屈呢！

幸好随着你们愈来愈大，生活起居逐渐可以自己打理，妈妈的负担也逐渐减轻，我们全家人现在常常可以一起玩耍，不用让妈妈一个人在后面张罗吃的喝的、打点穿的住的，真正可以名正言顺地说我们全家人都很浪漫。

我跟妈妈算是开明的家长，虽然会严格地要求你们的生活常规与习惯，可是我们不凶；虽然会跟你们“晓以大义”，但是也会尊重你们的意见，我们全家人也常没大没小地在一起玩闹。

我觉得每个大人常常会忘了自己当孩子时候的心情，因此我们在陪着你们成长时，等于再回溯了一次童年，而且也跟着你们一起用不同的角度重新认识这个世界。包括陪着你们阅读小说、看电影、四处旅行……说实话，我们也学到很多，也玩得很高兴呢！

爸爸

想当年

让家人陷入幸福回忆的老事物

一条丰富生命意义的时光隧道

TO B宝：

常听爸妈、外婆津津乐道地回想着从前，和乐的小区、淳朴可爱的街坊邻居，即使不富裕，但是每个人都乐于分享的年代。外婆说《幸福的三丁目》里的场景，就像她成长的童年，令我看了也向往能居住在那人情满满的小镇。

爸爸另外推荐的相似的书《我们没疯，一起回到1900年生活吧！》，没想到，现代真的有人尝试回到一百年前的生活。作者觉得在这个科技快速变迁的今天，逐渐失去了自我，失去生命的本质，虽然他过惯了高科技生活，但是仍不放弃追寻“回到十九世纪生活”的梦想。他毅然辞去工作，搬到弗吉尼亚州的谢南多厄谷，在那儿过着1900年没水、没电、没科技，一切都要靠自己双手的生活。

现代人失去冰箱、电灯、电话等家中必备物品，简直无法生活。从鼠标到斧头、从使用计算机到劈柴，作者夫妇历经许多艰难考验，最终找到生命的源头。淳朴但艰辛的农村生活，与最近的邻居相隔着一公里远。但是，村邻们互相照顾，彼此分享，令人看了极为感动。我们不必像作者一样，回到1900年，如果我们可以适时关心邻居，或许也能拥有一样的人情味！

梦想，也是这部电影和这本书想告诉我们的。因为有梦想，才有希望。三丁目小镇的每个人都充满梦想，我想这也是他们会快乐的原因。铃木先生梦想汽车事业蓬勃，作家梦想成为文学奖的得主，有的人梦想能找到好工作……因为有梦想，即使失败了，也不会放弃。而《我们没疯，一起回到1900年生活吧！》作者心中真正的收获，也正是达成梦想的过程中那喜悦甘美的滋味。

A宝

TO A宝：

《艋舺》中那些古老怀旧的场景，勾起了爸爸藏在内心深处的儿时记忆。

爸爸回味着，村里老老少少到“柑仔店”交流“情报”的欢乐情景。还从架上抽出了电影《幸福的三丁目》，如获至宝，雀跃地嚷着“找到了！找到了！”我们从他的喜悦里，感受到幸福的氛围。

电影里我们看到日本在二次大战后的生活，每条“丁目”都住着往来密切的可爱居民。就像台湾早期乡下信息传递困难，较难与外界联络，小镇里的人多留在本地工作，离乡背井来工作的人或依着地缘、亲缘、朋友关系居住在一起。

现在居住大都市的人，因为“灰色丛林”的阻隔，层层厚重的铜墙铁壁，有时甚至连隔壁邻居都不认识。自古以来所谓的“远亲不如近邻”、守望相助这些温馨的互动，也就无可施展啦！真羡慕以前人们的好客、悠闲与真情。有好东西只要敲敲隔壁邻居的门，一点分享、一份情缘，在这一点一滴之中，累积了无限温暖。

影片中开“柑仔店”的小说家，纵使每次都投稿失败，却都不放弃写作，坚定地做一个梦想的实践者。人人都有梦想，有人梦想当总统；有人梦想穿梭在宇宙间；也有人梦想拥有一座小岛……要使梦想成为目标，就看是否有“心”。有些人生活在杂乱的环境，失去质朴的心；有些人抱持着单纯的想法，带着一股傻劲，疯狂不懈怠地追求梦想。就如同这位小说家，因为热爱写作，从写作中找出乐趣而使得生活充满希望。

B宝

很多人在讨论青少年看了《艋舺》电影之后，会不会仿效剧中主角，为了追求朋友之间的义气而好勇斗狠，甚至羡慕那些混帮派的人，但是瞧你们看完电影似乎也没有这样的特殊感受，我知道这大概是因为你们从小到现在，身边一直就有许多好朋友，可以常常一起读书一起玩，而且家里有很多小说很多电影，你们常常感叹没有时间看了，所以当然没空结党结派“到处混”！

倒是你们有点奇怪地看着爸爸手舞足蹈兴奋地描述，剧中一闪而过的学校溜滑梯，就是和爸爸四十年前读老松小学时溜的是同样的。《艋舺》拍片的场景，爸爸每天上下学都会经过，还一直嚷嚷着一定要找个时间带你们去我小时候住的万华地区玩一玩，现在紧临老松小学的整条百年老街道，也完整保存下来当作台北市的乡土教育中心，非常值得参观。

【浪漫生活清单】

- 书：《我们没疯，一起回到1900年生活吧！》
- 影片：《幸福的三丁目》《艋舺》
- 旅游：万华百年老街

《艋舺》电影里的背景年代，刚好是爸爸的青少年成长年代，可是说实在的，剧中的世界离爸爸的真实生活是非常遥远的。虽然同样都生活在万华，但是黑道的世界与我们平常人的世界是互不相交的并行线，倒是后来我推荐你们看的日本电影《幸福的三丁目》，里面的生活氛围与情境，才是爸爸小时候的真实描述，虽然那是在日本搭布景拍摄的。

《幸福的三丁目》电影的背景年代，比爸爸的小时候还早一些，不过在我上中学之前，大概还可以感受到剧中那种狭窄巷道和街坊邻居虽然穷困但是淳朴真诚、彼此互相照顾的情怀。一直到我上了中学，台湾的社会还很习惯让朋友或远方亲戚的孩子在家里“寄住”，“反正只是多摆一双碗筷嘛！”就像电影中的情况一模一样。

印象中，大概是二十世纪五六十年代，我读高中之后，台湾的经济发展大步起飞，老房子拆掉，道路拓宽，一些人与人之间纯真、善良、互相信任、互相帮助的美好氛围，也随着旧的环境一同消逝了！

有时候你们会取笑爸爸偶尔翻到一张老相片或听到一首老歌，就会发呆半天，其实爸爸不只是怀念一些老朋友或老歌，而是想念跟这些老事物相连接的整个世界、整个时代啊！

我相信不只是爸爸会这么“滥情”，而是每个大人都会怀念自己童年或年轻时候的世界吧！记得前几年一些叔叔伯伯阿姨到我们家里来玩，我播放了《民歌三十年演唱会》的实况影片，当时你们也很纳闷，一些平常“道貌岸然”年近半百的叔叔阿姨，怎么一个一个 High 得像小男生小女生，更神奇的是有的人跟着又唱又跳，可是仔细一看，怎么还有的人眼角泛着泪光呢？

我想，你们大概很难体会我们的心情，因为那些以金韵奖歌唱比赛为主的那六年左右的时间，正是我们读中学读大学的时代，在台湾那些年正是介于“苦闷的60年代与狂飙的80年代”之间，那是一段单纯美好，又充满理想希望的年代。当年，这些歌都是大家一起合唱的，只要随便有人起个头，旁边的人就会跟着唱，唱歌的时候，每个人的眼中都闪烁着光芒，以及对未来的期许。那些眼角的泪光，就是为了自己年少时的理想而流的吧！

其实说到“怀旧”，你们一定会跟我抬杠：“你们只是美化了过去，只是怨叹自己年纪大了吧！进步有什么不好？旧的东西会被取代一定是有更好的东西出现，不是吗？”

你们这么说，乍听之下也似乎言之成理，但是台大哲学系傅佩荣教授曾经这么讲：“变得太快总是坏的居多。理由很简单，当传统很快就被遗忘与遗弃时，我们所肯定及珍惜的现在的一切，也即将在很短的时间之后，被未来所超越；如此一来，我们还能把握住什么？又还能品味及享受什么？”

我同意傅教授所说的，而且除了个人的生活种种之外，我总觉得还需要留下时代的共同记忆，通过被特意保留下来的场景，让大家不会忘记自己是怎么走过来的。一个有根的民族，会走得比较安心、比较笃定，这也是为什么要留下古迹的原因吧！

至于我们个人呢？要认真生活，因为只有自己努力付出过心力的事物，才会留下印象，若是日子过得太轻松，生活态度太好逸恶劳，即使再舒服、再享受，过了之后就会忘光光。只有我们真正努力过的日子，才会很难忘记，这些记忆将是陪伴我们、丰富我们，甚至是建构出我们的生命意义的凭借啊！

爸爸

A宝问：

为什么现代人向往以前的生活？

爸爸答：

若是整个时代的人都很向往以前的生活，表示对目前的生活不满意，也就是觉得现代的生活形态可能有问题。不过对于个人来说，怀旧并不见得是件坏事，作家董桥就曾经写过：“不会怀旧的社会注定沉闷、堕落，没有文化乡愁的心，注定是一口枯井。”董桥说的，大概是指我们不能忘掉整个民族的集体记忆，因为这是一个社会的灵魂与国家的精神吧！

也有位朋友说，若是回忆得愈少，表示你的性情愈来愈冷酷了，我想这是因为我们通常会回忆的都是一些美好的时光，而这些时光一定和当时与我们相处的人有关，因此念旧通常也会抱持感恩的心情，感谢曾经陪伴我们成长的人。意大利大导演布纽尔曾说：“没有了记忆，我们就什么都不是了！”因为记忆，我们知道我们是个什么样的人，忘了所有事的人，就不再是一个完整的人了。

B宝问：

你幸福吗？

爸爸答：

是的，我觉得我很幸福。这种幸福感并不是因为我努力达到什么目标、获得什么东西，而是我懂得珍惜现在所拥有的，这种珍惜与感恩之心，使我能够时时刻刻都觉得很幸福。

朋友

朋友是给自己的礼物！

会争吵、会调侃，
也有会心的问候

TO B宝：

大雪纷飞中，身穿黑貂大袄的三弟，铿锵有力地仰天说道：“不能同年同月同日生，但愿同年同月同日死。”语毕，便拔刀自杀，倒在背叛了二哥却遭人陷害的大哥旁。因为纳了投名状，朋友就要肝胆相照；因为发了誓，朋友就必须互相担待。这是电影《投名状》里的情节。看完《投名状》后惊觉：“投名状”的力量如此惊人，友情的力道如此强劲。

“加油哦！”在今年暑假仍要上课、考试不断的暑辅日子里，朋友简短几句了然于心的问候，显得无比重要，如消暑剂般，给了我继续与书本奋战的动力。有时我也羡慕日剧里的友情，我们最喜欢的日剧《司法研习八人组》中，来自不同背景、看似不相干的八个人因机缘巧合下结为朋友。因为悬殊的背景，为了交作业，他们讨论司法案例时，观点总是南辕北辙。有时互相调侃，有时争论得面红耳赤，有时不欢而散，但总是热诚地分享自己的想法，令屏幕外的我们看得感动不已、获益良多。心想：如果我们也是其中一员，那有多好。

《东大特训班》里一群被人放弃的高中生，为了共同的梦想——考上东大，彼此加油打气，互相讨论切磋。《考试之神》里的三个小朋友，同样为了考上心中理想的初中一同拼命，像战友一起打下欢乐结局。

啊！我突然发现：我们不必羡慕，因为我们也有很棒的朋友。我很喜欢张潮的一句话："对渊博友，如读异书；对风雅友，如读名人诗文；对谨饬友，如读圣贤经传；对滑稽友，如阅传奇小说。"把不同类型的朋友做了分类。我也对朋友做了归类：一起读书的战友；一同奔向大自然运动、爬山的盟友；不用顾忌，坦诚相待的朋友；互相交换课外书一起讨论的书友；一起看电影的影友等。

当生活中溢满与朋友共同的欢笑时，枯燥的生活也就不显得枯燥了！

A宝

TO A宝：

那天，他们互相宣示了"投名状"，结拜兄弟，自此黄沙滚滚万马奔腾中，弟兄三人一同冲锋陷阵。庆祝赃物"丰收"时，握着三樽酒杯一起仰天长啸。直到，大哥忘了誓约、忘了兄弟，利令智昏，暗杀了二哥，"投名状"发挥力量，由小弟执行。当他步履艰难在泥泞之中蹒跚向前，口中不断重复"兄弟杀我兄弟者，必杀之"，沙哑但坚决的怒吼，我深受震撼，捍卫友谊的力量如此强烈。

也许古代那种可以为了朋友，不惜牺牲性命的刎颈之交已不复存在，或者像管仲与鲍叔牙，超越一切的义气与宽广的气魄渐渐消失。但也不难发现生活与友谊交织成紧密动人的网，铺展更棒的人生旅途。

是否记得，日剧《交响情人梦》中，聪明帅气的指挥千秋，肮脏浪漫的野田妹，顶着一头蓬草的鼓手真澄，技术精湛的首席小提琴手清良，还有性格各异的乐团成员们，音乐将他们聚集在一起，友谊凝聚了强大的力量，奏出最恢弘的乐章。

是否想起，《Code Blue 救护直升机医生》中，冷静、冷酷、医术精湛的蓝泽，资赋优异却感到彷徨的白石，认真、热血因奋不顾身而意外受伤的绯山，善良但专业技术不足的藤川，他们经过切磋、成长，成为共患难的朋友。正因为有一群共同奋斗的朋友，所以面对习医过程必受的打击时，才能葆有坚持下去的意志与不衰竭的热情，在笑声与泪水中走过崎岖的医生之路。友谊创造奇迹，激荡出生命最热烈的心跳。

你也一定难忘，我们勇闯世博的回忆。是朋友，带领我们冲向即将关闭的展馆，缔造攻下五十二个展馆的战绩；是朋友，让我们在骄阳下虽汗水淋漓、燠热难耐，却仍不断发出清脆的笑声；是朋友，让我能以更健全周到的角度，圆润地看待这大千世界。

友谊，真好。

阝宝

亲爱的AB宝：

人是群居的动物，不管我们喜不喜欢，一定得彼此合作，依赖着其他人的努力与贡献，我们才能够活下去，而且人生大部分的幸福与快乐，大概也都是来自于与其他人的关系。

许多人从小认真读书，长大后很努力地工作赚钱、力争上游，希望能够快乐幸福，可是有许多研究调查发现，只要基本的生活无虞，多赚来的钱并不会让我们更快乐，真正能够带给我们长时间喜悦的是朋友、家人以及一颗感恩的心。

我总是觉得，朋友是我们给自己的礼物，这个礼物别人无法给予，只有自己愿意开放自己，愿意付出，才能够认识朋友，维系友情。而且朋友与家人、同学（或你们长大后进社会工作的同事）的关系不同。家人、亲戚是与生俱来的，无法选择；同学或同事在特定时空中也是被限制的，很难逃脱（因为成本很高）。唯有朋友是可以自由选择的，合则聚，不合则散，是没有压力，而且是可以丰富我们生活的礼物。

也大概是友情对每个人的生活有非常重要的影响，所以许多小说和电影对友情的描述总是非常感人的，像这几年我们一起看的电影与日剧中，你们非常喜欢的《东大特训班》、《Code Blue救护直升机医生》和《交响情人梦》里面，伙伴们彼此支持、互相勉励、协力渡过难关，同时每个人也获得生命的体会与成长。

不过，友情也可能变质，会发生像电影《投名状》里的背叛，就像你们在班上与同学们相处，也可能会有背后批评、排挤，甚至霸凌的情况，如何处理人与人之间的关系，大概是我们一辈子的课题。

记得很多年前廖达珊老师还在建中资优班当导师时（廖老师就是成

立原声教育协会，带领布农族[1]孩子从玉山唱到全世界的阿贯老师），曾经找我回去跟学弟们演讲，当时有学生问我如何担任一个好的社团干部。

记得当时我的回答是，一个好的领导者除了要有一般企管学提到的各种注意事项，我认为最重要的不是那些可操作的技巧，反而是个人特质。因为领导者绝大部分时间是在处理人的问题，因此个性是否“真心喜欢朋友”与“心中有活水源头”是最重要的两个特质。

所谓“真心喜欢朋友”是指当朋友有所进步，有所成就，我们会真心地为他高兴，甚至我们与朋友在一起的心情是无时无刻都希望能让他们有更正面、向上向善的成长。若是我们跟朋友交往是基于我们自己的利益，或者与朋友合作是考虑能带给自己多少好处，那么即便大家在一起做事，彼此都有收获，这也不算真心喜欢朋友。

另外，“心中有活水源头”的意思是，我们要关心朋友，却又不能太“在乎”、太“依赖”朋友，在日常生活中一定要找到维系自己心情稳定的喜好或兴趣，弹钢琴也好，阅读也好，甚至游泳跑步也行，总之这个心灵的活水源头是要自己独力就可以获得或完成的，不必依靠他人，那么我们就可以超脱周遭人事的纷争与闲言闲语，当被别人伤害时，也比较容易复原。

换句话说，我觉得朋友之间的关系，应该是有点黏，又不会太黏。而且朋友的本质是因“缘”而聚，“缘”尽而散，与家人不一样。因此朋友相聚若没有共同事情可以努力的话，每次碰面只是吃吃喝喝，聊些言不及义的话，久而久之就会成了“酒肉朋友”。不但无法带来生命的成长，反而很多的纷扰会从中而生。这也是我喜欢号召朋友一起投入公益活动的原因，也认为在公益团体中认识的朋友会是真心而热情的

---

① 布农族，台湾地区原住民的一个种族，主要居住在海拔 1500 米以上的高山上，现在的人口约为五万人。

好朋友。

因为交朋友要花时间，朋友又分为一般朋友与知心好友，从普通朋友到双方变成知心好友，势必得投入更多时间，因为每个人时间都有限，所以知心好友当然不可能太多。

【浪漫生活清单】

- 书：《人生一定要有的八个朋友》
- 影片：《投名状》
- 日剧：《交响情人梦》

《Code Blue 救护直升机医生》

《考试之神》《东大特训班》

《司法研习八人组》

该选择什么样的朋友？孔子所说的“友直、友谅、友多闻”可以当作参考。几年前在国外非常畅销的书《人生一定要有的八个朋友》提出了可以帮助我们的八种不同作用或个性的朋友，包括擅长鼓励我们的推手、支持我们的支柱、兴趣相近的同好，或会逗我们开心的人，以及拓展我们视野的开路者，等等。也有人说，我们需要职场上（学业上）的朋友，生活的朋友以及当医生的朋友、好提醒我们注意健康。这些建议表示人际关系有些是具有工具性的，有些具有感情性的，当然很多时候两样会混在一起。

其实不管我们希望去结交什么朋友，我觉得最重要的是自己要先成为一个好的朋友，一个别人愿意亲近结交的人。方法很简单，我们希望别人怎么对待我们，我们先这么对待别人；我们讨厌别人做哪些事，我们就要时时提醒自己，千万不要做同样的事。

我常觉得朋友是自己的投射，而不是现实社会里的人际关系，因为朋友是可以主动选择的，合则来，不合则散，而且我们在与朋友的相处中也逐渐改变了自己，所以从一个人交往的朋友也可以推断出一个人的本质。因此，我们要让自己变成更好的人，这样我们的朋友也会变得更好。

爸爸

Part. 3

阅读生活，阅读人生！

- 经典 @ 梁山伯与祝英台
- 真实与虚伪 @ 楚门的世界
- 付出 @ 小王子
- 谎言 @ 王牌大骗子
- 成长 @ 波西·杰克逊
- 倾听自己 @ 时尚流行
- 奉献 @ 德蕾莎
- 气度 @ 通天神探
- 壮游 @ 爱心旅行
- 生命志业 @ 心灵点滴
- 追梦 @ 五月天
- 斗士 @ 力克·胡哲
- 实践 @ 生态斗士
- 正面看待 @ 亚斯伯格
- 志向 @ 记者的时代视野
- 理想 @ 孔子
- 挫折 @ 卓别林
- 历史 @ 阅读历史
- 勇气 @ 手斧男孩
- 地球的未来 @ 没有我们的世界
- 价值观 @ 人生英雄
- 城市的未来 @ 上海世界博览会

经典

替人生存点美好、存点希望

该如何阅读经典名著、电影？

TO B宝：

放学，踏着快活的步伐，穿过大孝门，进入中正纪念堂，这个坐落于都市中、学校旁的大花园。清新的空气、绿意浓荫的树林、空旷的广场与围墙外的嘈杂、拥挤、忙乱成了极大对比。走在幽静的回廊下，右手边出现了小池塘。天鹅们三三两两地聚集在一起，有只小小的落单的幼鹅奋力划着，努力找寻同伴。耳畔忽然响起了祝英台那清脆响亮的嗓子，又急又气地骂着梁山伯："你这只呆头鹅！"电影中的经典画面也如在眼前。

这是老一辈共同的回忆、共同的青春密码。边看电影，边伴着黄梅调的旋律，外婆精准地哼着每个音符、每句台词，连爸妈也来凑一脚，和男女主角一起唱和了起来。爸妈想让我们见识什么是经典名片，周末看了一中一西的《梁山伯与祝英台》和《北非谍影》。

原本不看好老爸推荐的《梁山伯与祝英台》，老旧、模糊的画质，以为戏码也是老掉牙的，看了才知经典的魅力，英台假扮郎中唱着“十味药”骗过员外老爹，“十八相送”的桥段也安排得非常巧妙、逗趣。“此地一为别，孤蓬万里征。”古时一旦分离，便很难再相见，我们都跟着英台着急了起来。

着迷于《北非谍影》那如行云流水般缓缓轻柔的主旋律*As Time Goes By*，吃惊于犀利如快刀般又狠又准的对白，感动于混乱时代中冰冷人性下的丝丝温暖。这两部中西经典名片都围绕着生命中最美的元素：爱。同样的戏码也在《北非谍影》中出现，男主角瑞克也面临抉择。B，就如你所说，最后瑞克对着泪眼婆娑的伊尔莎说“在这疯狂的世界，我们得抛下小小的情感”，因为瑞克的牺牲、成人之美的胸襟，我感动了。

经典为什么是经典？它承得起时间的考验，如金子般愈久愈亮，使人引起共鸣。经典为什么是经典？它浪漫于那巧合与缘分，感动于刻骨铭心的爱，散发出美好的人性光芒。

A宝

TO A宝：

你喜欢老爸推荐的经典名片吗？

聆听《国王与我》，沉醉在安娜清新悦耳的歌声中，陷入气势磅礴宛若层层巨浪的乐曲中。除了轻快的主题曲*Shall We Dance*，是早期人们共同的记忆外，电影的经典台词也为人称道，单纯的故事情节，演员的魅力，塑造了强大的戏剧张力，经历六十年的考验，见证了《国王与我》是一部经典。

爸爸说能和《国王与我》媲美的经典老片，《北非谍影》是其中之一。二次世界大战开打，前线正轰轰烈烈地战火相交，美国好莱坞摄影棚内，也正上演着一出改编自真实历史事件的故事。你会为了乱世中的小角色们捏把冷汗，却又会震慑于他们犀利坦率的对话吗？当他们互相钩心斗角算计害人时，我们会为之打冷战，却又会在不经意地发现冷酷外表下的人情温暖后，而感到充满希望。战争，凸显了电影中的爱国情操，《北非谍影》是当时人们怀抱希望的共同记忆，是难以轻易遗忘的经典。

除了高潮迭起的刺激情节，除了节奏快速的紧张气氛，除了永垂不朽的主题歌曲，经典电影中总能见到刻骨铭心的爱情。有人认为爱情是人间极致的艺术，我则认为那是世间最普遍的价值，正因为如此，欣赏电影时如果和剧中的角色心灵相契，会感到难以忘怀。电影中的爱情，似乎显得格外珍贵，总要历经坎坷、面临困境，好戏才要开演！《北非谍影》中男主角瑞克面对艰难的抉择，为了爱情，他要将伊尔莎留在身边或者让她离开？最后他说："在这疯狂的世界，我们得抛下小小的情感。"

爱情使得戏剧更平易近人，但我最爱探讨的是剧中多彩的人性。每每欣赏完一部经典，我都能找到关于人性的解答。置身于幽黑的电影院，仿佛阅览人生百态，像极了穿梭在时光走廊，体验一次次不同凡响的生命之旅。

阝宝

不知道你们还记不记得在小学三四年级时，老师曾问你们最喜欢的明星是谁，结果你们回答“翁倩玉”，把那位年轻的老师弄得一团雾水。当时因为我们接连看了几部翁倩玉主演的电影《爱的天地》《真假千金》等，她抱着吉他坐在深山的育幼院的山坡唱着歌的场景，自从七十年代我读中学时看了之后，几十年来记忆犹新。

就像《北非谍影》和《梁山伯与祝英台》，对于像爸妈或爷爷奶奶这样年纪的人来说，只要一想到这些电影，以及当年环绕着电影一起被记忆下来的氛围与时代，就会有很多感触，就像A宝观察到的，外婆一边哼着歌，甚至眼睛也发亮了呢！

为什么要看经典电影或世界名著？原因当然很多，其中有一点常常被大家忽略的：看老电影还有“对话”的作用，就像有时候大人会偷偷瞧瞧你们年轻人在流行看什么书、什么影片一样，希望借此了解你们，因此看以前年代流行的东西，也可以帮助你们与爷爷奶奶聊天，或者出了社会与年长的朋友多一些“对话”互动的题材。

电影最能够看出不同时代生活的轨迹，从服装、居家摆设，到剧中主角的言语与生活，真的就是活生生的历史啊！

当然，经典电影或经典名著的作用不止于此。有人说，经典具有丰富性与恒久性，它能碰触到人类各种永恒且终极的问题。因为古今中外能够被称为“经典”的作品，都历经了时代的考验，经过了无数人的研读与讨论，而经典所关注的问题与提出的看法，也常常对时代的潮流与演变有巨大的影响，因此也可追溯出不同时代的文化氛围与深度。

杰出的出版人郝明义先生就曾这么比方：“当代作品提供给人们的

【浪漫生活清单】

- 书：《汤姆·索亚历险记》
- 音乐：*As Time Goes By*、*Shall We Dance*
- 影片：《梁山伯与祝英台》、《北非谍影》《国王与我》

是可以直接使用的财富来源，而经典是个存折，它提供给我们的不是马上使用的钞票，而可能是个金元宝或金锭子，虽需多一道手续提取，却有不可替代的价值。”

这些道理我都同意，但是我却不赞成让幼儿园或小学生看世界名著，因为一本书能够成为世界名著，起码要符合几个条件：第一、它是古代的；第二、它可能是外国的。对一个小孩子来说，对于古代的历史背景，各国的风土民情完全不懂，我不太认为孩子精神上能进入名著所描述的世界，而且世界名著所关心的主题大概都是大人关心的，比如爱情、生死、永恒，或者正义、背叛、人性试炼等，我相信年纪还小的孩子也无法体会。

再加上为了给小孩子看，这些世界名著就必须改写得非常简单，甚至只剩下故事大纲。故事大纲没有感情，也没有气氛的酝酿，不可能感动人，也不会引人深思，简直是糟蹋了世界名著。

我觉得世界名著阅读的方法应该是像你们一样，已经喜欢阅读，已经进入阅读的美好世界之后，到了高中或大学，再自己去寻找世界名著的原版（或全文翻译版）来看，才能领略到世界名著真正的精髓。

至于如何让一个人进入阅读世界？就像过去几年我推荐给你们看的书，作者也许是当代人，用的是你们熟悉或能理解的景物或语汇来铺陈故事，故事的主题也是孩子正在关心的主题，当一个人困惑已久的问题能从阅读中获得答案，甚至彷徨的心情也因为阅读而有了被理解被抚慰的可能时，才会迷上阅读，进入阅读的世界。

不管是书本或电影，在这个时代都可以算是阅读，我总是认为，一个喜欢阅读的人，是最有福气的人，不管外在世界如何变化，竞争多么激烈，我们或许成功或许失败，或许是非常幸运或许非常倒霉，只要我们能够在阅读中建构自己的精神世界，就会使自己安心而自在，换句话说，举世滔滔中，阅读是使我们得以安顿身心之所在。

爸爸

B宝问：

你有没有看完某部经典后，有被当头棒喝突然茅塞顿开的经验？

爸爸答：

在爸爸的成长与学习的过程里，是有几次所谓“顿悟”的时刻，一次在小学看马克·吐温的《汤姆·索亚历险记》里汤姆刷油漆的故事，悟到生命中遭遇的幸或不幸并不是绝对的，我们看待事情的态度才是关键。另一次是在大学考《病理学》的前夕，当我背诵着成千上万种病，我突然悟到有这么多病，而我居然什么病都没有，这是多难得的福分啊！

当然，你会说，这些“顿悟”的道理我早就知道了，可是我们“知道”与“体会”是不一样的，当我们真心“体会”到后，从此我们的价值观、生活方式与看待世界的方法就不一样了，而“知道”通常并不会改变我们。

付出

每个人心里都住着小王子

点燃生命的热情与温暖

TO B宝：

时序进入了中秋，“芭玛”却环伺着台湾，还好台风过后，除了宜兰地区，并未对台湾造成太大的伤害。中秋节前夕，北台湾乌云密布，看不见皎洁的满月，学校也拉起了“段考冲刺周”的警报。在沉重的压力下，很爱我们、很用心的语英数三科老师，借着第八节课，带我们走出教室，到中庭吃月饼、喝茶、聊天。憋在水里闷气多时，终于能探出头稍稍喘息的我们，叽叽喳喳快乐地聊天。

不知谁先抬起头看到三楼的墙上高高挂着一轮明月。再仔细一瞧——哇，是班导阿明的杰作！又惊讶又感动。嘿，B，我们班真幸运吧！谢谢老师。

灰蒙蒙阴沉沉的天空，满足的微笑，“明月”散发着爱的光芒。这是我的中秋节。看到月亮，想到顽童般的老师，“小王子”以及他的小星球就浮现在我脑海中。这是一个值得一而再、再而三看的故事。不同年纪、不同职业的人看了都会有不同的领悟和感受。

小王子因受不了玫瑰的高傲而出走，拜访了七个星球，遇到了不少奇妙人物。爱慕虚荣的人、可笑的酒鬼、喜欢掌控别人的国王、为别人而死的点灯人、书呆子般的地理学家、把数字看成一切的商人……其实，这些都是我们每个人的弱点的化身，从这些缩影，我领悟到人的荒谬。

沙漠因孤寂而美丽，星空因灿烂而美丽，而人生也因关怀与付出而美丽。

这是小王子送给世人的礼物，这是个多棒的礼物啊！在《小王子》这本经典里，每一句话、每一个动作都意味深长，其中“喧嚣的孤单”是最令我感动的一段。小王子觉得沙漠里没有人很孤寂，但蛇说即使在人群里也有寂寞，这句话深深触动我心。在茫茫人海中，迷失了方向，四周嘈杂，但内心却是空虚的，真正的寂寞，其实往往躲藏在最热闹的地方……

这部经典，通过葆有赤子之心的小王子，带领我们进入人生。两小时的乘雁飞翔，我好像长大了二十岁。期待在下一个星光熠熠的夜晚，再次与小王子邂逅，在此之前，他纯真的笑容，会一直温暖我的心窝的。

A宝

TO A宝：

哇，你们真是太幸福了！那时我们班正埋首在考卷堆中，思路却不断地被教室外的嘈杂声打断，原来是你们这些脱下沉重考试之壳的蜗牛们，到中庭欣赏那又圆又亮的大月亮。说到《小王子》，那真是一本浅显易懂又蕴含深奥哲理的经典之作。

中秋夜台风天，我们再次沉浸在《小王子》的音乐剧和书中：在彩色的日落与日出以及穿梭宇宙的星球下，小王子带领我们探险，同时也探索人性不同的方面。

为了逃避娇艳的玫瑰，小王子告别自己的星球。这一路上，他遇到了爱慕虚荣的人，感受到他的自负；遇见酒鬼，替他荒谬的行为感到悲哀；从点灯人的身上，发现“适可而止”的重要，同时感受到为别人服务及奉献的无私精神是有价值的；因地理学家而领悟到“读万卷书，不如行万里路”，体会到一个人与其被囚困在自己建筑的牢房中，记录着一些从未接触、到达的地方，不如去体会稍纵即逝的美。从爱慕虚荣的人、点灯的人、酒鬼及地理学家身上，我也见到了自己的影子。

狐狸给小王子一份礼物：“只有用心才能看见，最重要的东西是肉眼看不见的。”如果用心观察，就会在每件事物中发现它的意义、它的美妙；如果用心体会，即便是稍纵即逝的美，也能为朝生暮死的花，留下永恒。

小王子有玫瑰必须负责，我们则有忠心的伙伴必须怀念，还记得小时候每到放学时刻，离家还有几百米远，亲爱的小豆子便会冲到我们的脚边，热切地迎接我们，我们互相“驯养”，伴着彼此。虽然欢笑的点滴已成为过去，但熟悉的“黄色火箭”仍然清晰地刻印在我的脑海，这便是用心及真正存在的证明吧！

“沙漠因其浩瀚无边而美丽”，星空因小王子的珍爱而美丽。而人生，也因“友谊”而美丽，这是小王子送给每位曾与他一起游历星球的人的礼物。每一次仰望星空，总会想起小王子说的“当我们想念离开我们的朋友时，就看看对我们微笑眨眼的星星”。期许自己面对任何事情时，都能葆有像小王子般的赤子之心，以最纯真的眼光及最真切的心，发现更多存在于这世界的美丽。

β宝

哇，A 宝有这么浪漫的老师真的是非常幸运啊！原本我还以为上了初中，在每个老师不断地考试，不断地鞭策你们把握时间认真读书的压力之下，会把你们全部的精神与视野都局限在参考书与标准答案中，长久下来，很容易丧失生命的活力与探索世界的热情。

让你们欣赏月亮的阿明老师，使你们想起最近看过的《小王子》的书与音乐剧，但是你们大概忘掉了，在你们小学五年级时，我就曾推荐这本六十多年来畅销全世界的故事给你们。但是当时你们正着迷于《追风筝的孩子》《三杯茶》等翻译小说，而且还很挑剔地只看“真实故事”，带有奇幻、传奇的“虚构”童话，人小鬼大的你们根本没兴趣。

薄薄的《小王子》，你们没多久就翻完了，问你们觉得如何，当时你们的反应是：“好奇怪的故事。”想不到隔了三年，你们却喜欢上《小王子》的简单故事以及富有哲理的对白，正如全世界数以千万计的大人一样，在真实的人生里，不断地浮现小王子的奇幻旅程以及他与玫瑰花、狐狸的故事。

每个人在自己生活的不同阶段，都能够从这些故事中，找到一些启发、一些提醒，以及被理解的温暖。

你们上小学时，人生经验还太少，生活感触还不多，也许没办法体会到书里的哲理，就像是《伊索寓言》这本表面上是儿童读物的动物故事，也要等到长大了或生活中遭遇到某个情境才能真正体会到书中的寓意。

所以，当我们问别人最喜欢《小王子》书里哪个故事、哪个段落或哪一句话时，或许也可以了解他目前的生活或思考的重心。

【浪漫生活清单】

- 书：《小王子》
- 音乐剧：《小王子》
- 影片：《狐狸与我》
- 旅游：小王子博物馆（日本）

记不记得去年我们曾经看过的《狐狸与我》这部电影？导演说是改编自《小王子》。的确，一个半小时的电影，描述了小王子与狐狸的友谊，这个内容在书里只占一千多字，少少几页，却点出了“爱与占有”“尊重与友谊”之间的关系。当小女孩与狐狸变成好朋友后，她希望时时刻刻都可以和它在一起，于是就带它回她自己的房间，当狐狸发现自己被关在密闭的房间，紧张地四处乱窜，最后撞破窗户从楼上摔到地上，被撞昏，小女孩也体会到她错把占有当成了爱，应该让狐狸以自己的习惯在大自然里活动，尊重它的生活方式与生活空间，这彼此尊重的态度才是真正的朋友关系。

B宝很喜欢小王子说的：“当我们想念离开我们的朋友时，就看看对我们微笑眨眼的星星。”A宝印象最深刻的段落是小王子觉得沙漠里没有人很孤寂，但蛇说即使在人群里也有寂寞。

这段话讲得真好，作者把孤独与寂寞的不同呈现出来，孤独只是描述身边没有其他人，而寂寞是指我们内心觉得没有人理解我们。换句话说，孤独是物理状态，而寂寞是心理状态。我们可能很孤独地一个人在房间里看书写信，但是内心却一点都不寂寞，因为我们正在与书中的人物心灵对谈。另外，我们也可能跟一大堆人挤在房间一起唱歌，但是若没有人了解你的心情时，你也会感觉寂寞。

而我常常想起的是，书中描述有关友情的几句话：“很多人不再有时间去认识东西，他们在商人那里买现成的东西，但是因为商人并不卖朋友，所以很多人没有朋友。”

的确，在这个消费时代，每个人都习惯用钱来购买一切，用钱来快速地解决一切问题，可是真正的友情必须建立在人与人之间漫长时间的沟通与付出的真诚关怀之上，急不得，更不是可以用金钱或物质来交换的。

金钱是一种交换工具，我们付出金钱来换得我们认为值得的东西，或者我们贡献出所拥有的（包括时间或能力）来换得我们认为值得的金钱，因此中间充满了计算与功利的目的。真正的友谊绝对不是如此，它超脱世俗金钱价值，好友相聚，或许没有目的，没有顾忌，彼此胡言乱语，尽情笑谈，可是带给我们的快乐与心灵满足，绝不是金钱与物质可以换来的。

还有另外一句话："你为玫瑰花所花费的时间，使得玫瑰花变得那么重要。"表面上看起来很简单的一句话，其实并不太好懂，这一句话也可以给我们不同层次的提醒。

随着你们的年龄愈来愈大，就会开始追寻生命的意义，或许也逐渐能够体会到自己存在的意义就在于自己与周遭世界的关系。

从小，你们就看到许多在荒野保护协会当志工的叔伯阿姨，你们有没有发现他们的眼睛永远充满着光芒，总是积极乐观而且非常热情地生活着！我想，这是因为他们心中有着可以努力、可以付出关心的目标吧！

生命中有可以关心、可以全力投入的事情，是把我们跟这个世界联系起来的脐带，这个事情是什么反而不是那么重要，不管是为了环境保护，或者是小王子的玫瑰花，只要是我们真正在乎而且真的为此付出我们的心力，就可以使我们积极地活着。

最近我们全家都非常着迷的《波西·杰克逊》这套小说，第五册里有一段非常棒的故事，当波西·杰克逊想到冥河里浸泡，变成刀枪不入的不死之身，才好跟化身为路克的天神克洛诺斯决战时，阿喀琉斯提醒他："把注意力集中在你身体的一个点上，想象你身上有一个点是脆弱的，这就是你的灵魂将你的身体与世界相连接的点，它是你最大的弱点所在，但也是你唯一的希望。没有任何人是完全刀枪不入的，一旦你看不见是什么让你保持人性的那一面，冥河就会将你烧成灰烬，你不再存在于这个世界。”

哇！这一段真的讲得太好了，我们在乎的东西就是我们的弱点。电影里面不是经常这么演，坏人总是绑架主角的家人来威胁主角吗？只要一个人有了心爱的事物，就有可能被当成把柄，也是神勇的主角唯一的弱点。

可是假如我们真的不在乎所有的东西，表面上看起来似乎没有人可以威胁我们，可是当你什么事都不在乎，那你跟这个世界就毫无关系，你有没有活着就没有差别，也就是书中所说的“你不再存在于这个世界”。

反过来说，**当我们有了真正关心的事物，这个事物可以引导我们连接到整个世界。**上个世纪有个非常著名的心理学家弗洛姆就曾经这么说：“如果我真正爱一个人，则我爱所有人，我爱全世界，我爱生命。如果我能够对一个人说‘我爱你’，则我必能够说，在你之中我爱一切人，通过你，我爱全世界，在你生命中我也爱我自己。”

弗洛姆这里所说的爱一个人，也就是《波西·杰克逊》身上那个与世界连接的点——可以是人，也可以是我们关心的事、我们的梦想。

现在你们生活的大部分时间虽然都在学习学校既定的课程，但是在周末假日，我与妈妈常常带你们四处旅行，认识许多“荒野”的志工，其实就是想让你们知道心中有理想并努力付出的人，活得非常热情也非常快乐。

A宝问：

为什么大人容易失去赤子之心？是你们太忙了吗？

爸爸答：

我想，或许大部分的大人在现实的社会工作与竞争中，遭遇到太多的挫折，也看到太多负面的消息，于是就不再相信、不再梦想，逐渐地就愈来愈现实，愈来愈世故，于是就失去了对单纯与美好的向往，也就失去了赤子之心。假如我们可以鼓起勇气，不怕受伤，愿意相信别人，事事都能朝良善的一面去想，那么，大人也可以葆有赤子之心。

B宝问：

为什么《小王子》会成为经典？

爸爸答：

《小王子》这本书，表面上看起来虽然很像是写给孩子看的童话故事，但是书中非常浅白的对话，却往往会引起已经历经人世沧桑的大人的许多感触，打动人内心柔软与纯真的那份情怀。当一代又一代的人都被感动，世界上不同国家的人都喜欢看，那么这一本书就可以称为世界名著或者经典名著了。

成长

是神话，也是现实人生

出发、历险、返回，每个青少年成长必经历程

TO A 宝：

搭上纽约帝国大厦电梯，咻——直达云端的奥林匹斯。我看着希腊神话中的众神，有的威严有的和蔼地坐在大殿中央，实在是太神奇了。叩——叩——叩，一阵吵闹声又将我拉回现实。如果可以找到一本书媲美《哈利·波特》的惊险刺激，同时却又蕴涵了西方神话的书，那就快点与《波西·杰克逊》冒险吧！

绑好安全带，与太阳神阿波罗一起，乘着红色赛车普照大地；勇闯迷宫，避开陷阱与魔鬼，遇见伟大建筑师代达罗斯；和羊男格罗佛吹着芦笛，寻找野地的守护者潘；与阿蒂蜜丝的猎女队合作攻击正在复活的泰坦巨神；参观赫菲斯托斯的打铁炉圣海伦斯山。不知不觉中我也随着混血人波西和他的朋友安娜贝斯，以及独眼巨人兄弟泰森还有守护者羊男格罗佛到处大战每个怪物，巧遇天神。

有人会问："为什么神话如此重要？"虽然神话有许多不符合逻

辑、与科学冲突的地方，比如阿西娜是从宙斯脑袋中蹦出来的……但神话充分地反映了“人性”。看到泰坦巨神克洛诺斯先是把爸爸杀了，又被宙斯的儿子丢入万丈深渊时，我想到了中国的太子期望父皇死得快好让自己继位，这份丑陋的欲望甚至可以抹灭亲情。然而“爱”是希腊神话中最复杂的，它演变出妒忌、仇恨，因为金苹果而爆发一场大规模战争。

当最新酷炫的高科技撞上古老希腊神话，不仅擦出奇幻历险，我也感受到西方文明的智慧。疲劳时，翻一下《波西·杰克逊》，好像喝了神饮，而且欲罢不能。A，你呢？

B宝

TO B宝：

翻开书，是一连串的惊奇，是不断的冒险故事，是探究西方文明的开始，《波西·杰克逊》带给我无限的想象。当初，爸爸极力推荐我们看，我用怀疑的眼光看着它，疑惑着为什么爸会介绍这种看似“打斗、纯娱乐”的书给我们呢？但当我听完爸爸的解释，再翻开书，疑惑就消失了。

希腊传说是西方文明的开始，古老与现代、天神与人类、混血人与怪兽，这些两两差别极大的事物仿佛条条不会相交的平行线，作者把它们变成一丝丝编织在一起的线。把两千年前的希腊神话搬到了二十一世纪的天空，结合了神话与现代交织成一张无比美丽的蜘蛛网。看了便会不自觉深深栽了进去，我就这样沉醉在《波西·杰克逊》里，无法自拔。

在广阔的野地与羊男格罗佛一起寻找伟大的天神潘；与丑陋无比但手艺超群的工匠之神赫菲斯托斯一同打造史上最厉害的天国青铜剑；在黑暗阴森的迷宫战场里，被爱拷问别人的人面狮身怪斯芬克斯问到十六的平方根等于几；到纽约帝国大厦六百楼，与众神一齐召开奥林匹斯会议……跟着主角波西·杰克逊与安娜贝斯这两个与我年龄相仿的青少年，一起在小说中游历。

看了《波西·杰克逊》，我更了解希腊神话中每一个复杂的角色，与他所代表的意义。不艰涩也不夸张，天神们也有爱恨、情欲、嫉妒等情绪，因为这本书，我爱上了西方文学，舍不得看完《波西·杰克逊》呀！脑海中，不断地幻想着接下来的冒险故事。

A宝

记得你们从小学四五年级起，就比较喜欢看一般大人看的小说，也就是比较具有文学性且页数很多的书，甚至每当爸爸推荐书给你们看，你们都会问一句：“这是不是真实的故事？”就像你们从小看惯纪录片以及由真实故事改编的剧情片一样，对于怪力乱神或显然是虚构的电影或小说，都不太想“浪费”时间看。

我觉得这种“偏食”不太好，后来仔细想了一下，发现好像你们从小看的绘本、幼儿图文书里，就很少有神话故事或民间传说，以致现在你们偶尔问我一些我以为你们早该耳熟能详的“典故”，让我很讶异你们居然不知道这些来自古老人类智慧的故事。

去年因为帮《波西·杰克逊》这套小说写序，仔细看完之后，极力推荐给你们，果然你们也迷上了这套以希腊神话为背景的小说，甚至到后来，你们嫌中文版出得太慢，还央求妈妈去买了英文原版小说让你们先睹为快。

我自己从小至今，断断续续看过不少有关希腊奥林匹克山上众多神仙、怪兽与半人半神的英雄之间的恩怨情仇，但是总觉得太复杂了（也是觉得他们的情绪与作为实在无法理喻），所以故事情节与人名总是看完就忘记，但是另一方面我也知道这些奇怪的神话故事对于西方的历史与文明相当重要。

因为即便到今天，西方的文学、艺术，乃至于生活习惯和典故，几乎都与这些神话故事有关，因此若想欣赏与理解西方的艺术与文化，最好对这些错综复杂的众神关系有些概念。欧洲有许多国家的中学生，至今还必修希腊神话呢！而且神话中描述的人物具有强烈的爱恨情仇，也都成为西方文化中各种象征与性格的原型。

其实神话说的并不只是神仙的故事，而是人类自己的故事，神话的主题其实就是人类自己的处境，以及人类对自然世界、对宇宙和人生的看法。每个时代、每个社会、每个民族都有神话，这些神话也对那个特定的时代、社会与民族产生特别的意义，甚至有人形容神话是人类的“集体潜意识”！

神话的起源通常来自于古代民众对于自然现象不了解，在恐惧或好奇之下，将这些人力无法掌控的力量拟人化，认为宇宙万物都有各自掌管的神，这些神与神、神与人彼此互动的想象，经过口耳相传，就形成了神话故事。而且神话也包含了人类对现实世界的投射，因此众神之间也会嫉妒、报复，彼此争战。

希腊神话里有许多由神仙及人类所生的半人半神，书里面的波西·杰克逊就是这样的人，也是神谕（来自诸神的预言）中的英雄。

传说中的英雄往往都是某种事物的创建者，比如新时代的开创、新宗教的创立、新城市的创建、新生活方式的起始等，为了发现新的事物，他们必须离开旧有的环境，出发去寻找能改变现况的未来观念，然后带回来影响原来的群众，**所以英雄的历程有三部曲：出发，历险，然后返回。这个历程其实也是每个人成长的历程吧！**

就像我们出生后在父母亲的保护与引导之下学习基本技能，长大后势必会离家独自面对世界，经历种种挑战，最后学成之后再贡献社会。

尼采说过："人类精神有三变，由骆驼，而猛狮，而婴儿。"中国自古以来常用"见山是山，见山不是山，见山又是山"来说明学习与体验的过程。

这种生命不同阶段的描述，有很多很好的比喻，比如说资深出版人郝明义先生在《工作 DNA》里就以三种动物比拟进入社会工作职场的三种阶段：社会新鲜人是"鸟"，面对广阔的天地，好处是机会无穷，无限空间任翱翔，但要注意选择与如何存活下来；工作一段时间后，晋升为组织的中坚干部后，就成为"骆驼"，被托付重任在茫茫的沙漠行走，上司像头顶的烈日，属下像脚下火烫的沙子，两相煎熬，却只能忍辱负重，默默行走；等到有幸成为高阶主管或领导人，那就成为"鲸鱼"，万里碧波，似乎可以恣意快活，但是你必须永远前进，没有停歇，没有上岸休息的权利，因为上岸的鲸鱼是搁浅的，代表死亡。

从这些比喻中我们知道人在不同阶段都有各自的优势也有不同的难关，因此要记得不要埋怨自己的处境，一定要好好把握任何学习机会充实自己。

蒋勋老师曾讲过："神话是原型，可以不断地赋予新的形式、新的诠释。神话原型也都没有给我们最后的答案或结论，只有回到故事本身的隐喻，而**故事之所以流传，就是我们借由这些隐喻，读懂了自己内在不被看见的部分，残酷也好，欲望也好，得不到的复仇也好，死亡之中的极致激情也好。"**

隐喻就是隐含其他意思的意象。表面上看起来意象是具体的，故事也是明确的，但是隐含的意思每个人的理解一定是不同的，带给人的体会也会因为每个人的生命经验而有所不同，所以神话不能当作历史或以科学研究的方式来解读，神话的主要功能是启发我们，让我们与现在身处的时代和环境发生意义，而不是研究数千年前那些遥远而陌生的时代发生了什么事情。

这些神话在小时候看也许就只是一个精彩或神奇的故事，可是当你们长大一点有了许多生活经验后再回过头来对照着看，会有很多豁然开朗的体悟或会心一笑。比如华人世界无人不知无人不晓的那只猴子——《西游记》里的孙悟空，他有两个老师：一个是教他功夫法术的菩提祖师，但是这位老师却不让孙悟空承认他们有师生关系；另外一个孙悟空口口声声喊师父的老师，叫作唐三藏，好笑的是这个老师什么也没有教他，只会念紧箍咒让他头痛，不断地指使他、命令他，孙悟空若做不到就责罚他。

哈！我想你们一定会追问我："这个故事到底想表达什么？"

我先回答了："我不知道，故事就只是故事，它的意义必须由每个人自己去体会，没有标准答案，也不应该有标准答案，这就是神话传说或寓言故事最棒的地方。"

你们喜欢看《波西·杰克逊》，也同时了解了一些希腊神话，但是我也希望你们有时间可以看一下华人世界里，像希腊神话一般精彩的神话——《封神榜》，六百多年前明朝陈仲琳所写，以姜子牙辅佐周文王、周武王讨伐商朝纣王为历史背景，故事包含了大量的民间传说和神话，书中许许多多长生不老的仙和死后受封为神的人物，都是我们在生活中或民俗庆典中常会看到的，比如哪吒三太子、玉皇大帝等。

其他在整个华人世界流传的神话有盘古开天、女娲补天造人、夸父追日、后羿射日、嫦娥奔月、牛郎织女……只是这些传说已经慢慢淡出我们的生活，一群人围坐在老榕树下听爷爷奶奶说故事的情景在现代已经很少见了，许多属于民族的共同记忆也会渐渐消失，这是很可惜的。

或许今年中秋节可以邀请你们的一些同学到我们家，不要烤肉，而是吃月饼、赏月，然后讲一些神话故事。

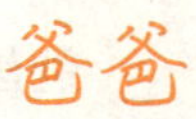

A宝问：

神不是很伟大吗？为什么会嫉妒、愤怒、互相仇恨？

爸爸答：

神话是自古以来人们口耳相传慢慢形成的，因此也反映出人类对自己所处真实世界的投射，人会嫉妒、报复，所以想象神也会嫉妒、报复。这些来自古老民族神话中的神，与我们现在宗教里的神，不太一样，宗教里的神，要我们慈悲、宽恕，建立和平的世界，的确与神话中争吵打斗得非常热闹的诸神是截然不同的。

奉献

德蕾莎以非凡的爱，做平凡的事！

可有可无、多余的 VS 不想失去、不可或缺的

TO B 宝：

天堂与地狱，只有一面墙之隔。墙的两边，两个截然不同的世界，都是上帝的子民，有着相同美丽的心灵。然而，他们却互不往来，因为墙的阻隔，阻隔了爱的传递。

穿着滚着蓝边的白色纱丽，走起路来微微驼着背的德蕾莎修女，付出了毕生爱的力量，让高墙倒下。用尽了全部的生命，散播温暖的光芒。借着勇气，克服所有遇到的阻碍。德蕾莎修女，这子弹也打不过的女人，用行动实践了梦想，改变了世界。

在一条简单的路上，走了五十多年，秉持着助人的坚定，怀抱着充沛的爱与无所求的心，专注着为穷人服务，也因此成为穷人的一份子。感受到奉献深层的喜悦，点燃了无数热情的心魂。德蕾莎修女认为自己只是上帝手中的一支笔，把上帝的想法用生命实践，将上帝的爱全力以赴地去诠释。走在最落后的街道上，以抚摸过最多人、布满了皱纹的

手，关心着最贫困的人，告诉他们，上帝爱他们，修女们爱他们，也给他们尊严与温暖。

在诺贝尔和平奖的颁奖典礼中，德蕾莎修女说了个真实的故事：有一次她拿了米给一个有八个小孩的家庭，他们饥饿的眼神散发了光亮，然而那位母亲马上把米分了一半给也在挨饿困顿中的邻居。这令人动容的故事使我了解，人因为分享而快乐，即使在贫困中的人也不会忘记关心别人。

白色纱丽下，那散发着慈祥光芒的脸庞使我动容。通过《德蕾莎修女》的电影，我仿佛到了加尔各答，被强大的爱的磁铁深深吸引。德蕾莎的一席话，**使我了解不必跑到很偏僻、荒凉的地方去助人，而且从家人、朋友、同学开始，为他们缝补伤口，给予爱的力量，做自己和别人生命中的天使！**

“有人的爱像铁一样坚强，有人的爱是生活的方式……”耳畔响起John Denver的歌曲《或许爱》，德蕾莎的思想、动作、微笑都深印在我脑海里。B，你和我有同样的感觉吗？我们用稿费资助家扶中心需要帮助的朋友，竟带给我们自己新的力量、新的勇气。

A宝

TO A宝：

如果说帮助人是件很难达成的任务，放学后，手里握着可以买一杯珍珠奶茶的四十元，停下来想想看，这四十元除了葬送在充满肥肉的肚子里，是否有更紧急的需要？是否可以创造更珍贵的价值？想想生活简朴而无时无刻不在竭尽所能帮助他人的陈树菊，想想在世界上曾诞生过一生为他人努力，却不认为自己如何伟大的圣人。

在最幽暗、最漆黑的角落，在爬满乳白肥大饱满的蛆的水沟旁，在充斥着凄凉、来自深藏人类心底的哀号声中，依稀可见滚蓝边的白色纱丽，再仔细找寻，才得见咖啡色面庞，布满皱纹，由一条条弧线织出的慈祥。这并非只是张苍老的脸，她曾用无懈可击的热度熔化了冷酷的藩篱。娇小的身躯，却择善固执地坚持自己的信念，以温柔的言语使敌人不知不觉地站到她的身旁，与她一同带着和平，对抗血腥及痛苦。她是战争的克星、老弱残伤的母亲——德蕾莎修女。

双手紧紧闭合着，缓缓靠在嘴唇前，总是如此慈祥低头祷告着。每当遇到人便诚恳祝福，接受采访、发表演说时仍这样谦卑却又坚定而有力，使人们在她这般温柔中不得不信服、追随其精神意志。当这慈悲的化身，走入枪林弹雨中，战火也停止了。原本拿着枪的敌人，也联合起来帮助德蕾莎完成她的使命。只见她抚摸着弃婴娇小脆弱的头颅，充满皱褶的手将那些骨瘦如柴的人们用温暖的毯子包裹，我们的内心只有不断惊叹，对那“全力以赴”实践的动力，也为了她极其单纯赤忱的心。上帝派遣她到世上只为了一件事——以全心喜悦服务贫穷中的贫穷。用尽全部生命遵守这简单的理念，穷毕生精力完成“不可能的任务”。

这不可能的任务由德蕾莎开启，她奋勇地为此点燃亮光，而这亮光需要传承、扩大，**当我们开始“爱人”，对陌生却需要帮助的人，伸展开温暖的手，我们已经加入这点灯的行列。**“人人来到世界上都有独特的使命”，当你接触到德蕾莎的眼神，分享了贫民窟的灿烂微笑，是否也有一股悸动在心里流淌？

宝

亲爱的AB宝：

我第一次接触到德蕾莎修女的事迹大约是在十多年前，看了《一条简单的道路》这本书。当时荒野保护协会才刚成立，每天除了看诊，就是竭尽心力构思如何推广生态保护的理念，我们也自诩为“深沉的人道主义者”，因为我们并不是只救一时一地的个人，而是借着保护包括人类在内的生物其生存所凭借的自然荒野，让所有的生命都能永续地存活与发展。其实在成立“荒野”之前，我也参与过许多公益团体，也会定期捐款给慈善机构，也觉得自己还算是有爱心的人。

可是，看了德蕾莎修女所说的**“在这世界里，伪装爱是如此容易”，这句既清楚又直接的话，对我真是当头棒喝。的确，伪装爱是如此容易，我们是真的有慈悲心还是为了满足做好事的虚荣感？**

为什么伪装爱是如此容易？德蕾莎修女说：“因为没有人会真的要求你给予，直到成伤，直到成疾！”她说：“你的给予必得使你有所付出，而你所给予的不只是在你的生活中可有可无的东西，你也给予你生活中不可或缺的，或是你不想失去的，你非常喜欢的东西。”她也观察到：“我们拥有愈多，我们所能给的就愈少。”因此她总是过着最简单的生活，把自己所拥有的一切都奉献出来帮助穷人。

她获得诺贝尔和平奖，除了将奖金全数捐出之外，也把奖牌变卖，甚至特别请求诺贝尔评审委员会，取消例行的颁奖晚宴，将晚宴可能的花费赠送给她，以便转捐出去帮助穷人，她说这笔钱可以让一万多个穷人吃饱一天。

还有一次，年纪已很大的德蕾莎修女应邀出席一场演讲，在路途中，她发现一位饿倒在街旁奄奄一息的人，她停下脚步，找到了一碗粥，亲自喂食，她告诉陪同的人说：“现在正有一个需要我服务的穷人，我没有时间去做那个演讲了！”

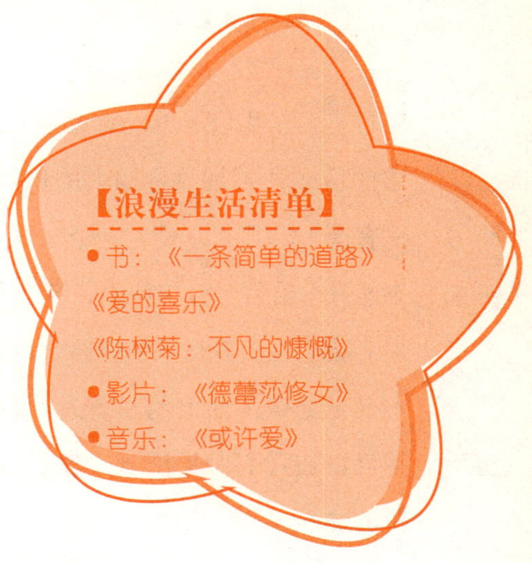

在这个时代里，“爱”是一个已被人滥用的字眼，多少人已习惯用嘴巴夸夸而谈，用钱来买心安，而德蕾莎修女却以她的一生实践了她所说的以非凡的爱做平凡的事，这种“怀着大爱做小事”带给了我在生命价值上很大的启发。

不过，也有人批评说德蕾莎修女所做的一切不过是杯水车薪，意义不大，如果不从体制上着手，不改变造成贫穷的根本结构的话，她所有的努力都是徒劳无用的。

对此，德蕾莎修女回答说：“我等不及社会的完善，我现在能做的是救正在烧的火，而非讨论火灾的原因。那些事情让社会学家、政治家去做吧！”

其实从她的诺贝尔得奖感言，可以了解她真正在意的是：“我是代表世界上所有的穷人、病人和孤独的人来领奖的。因为我相信，你们愿意借着颁奖给我，而承认穷人也有尊严。”

的确，如何维护被帮助者的尊严，是我们该向她学习的。正如她所说的，饥饿的人所渴求的，不单是食物；赤身的人所要求的，不单是衣服；露宿者所渴望的，不单是牢固的房子。就算那些物质富裕的人，也都在渴求爱、关心、接纳与认同。

我很高兴你们能主动将在《联合报》的《好读周报》连载的“AB宝交换日记”专栏的稿费全捐来资助家扶中心的小朋友，因为我们不能等“我们有能力”“我们很有钱”时才去帮助别人，应该随时随地主动贡献自己的力量，就像我国古老的格言所说：“待有余而济人，终无济人之日。”在我们周遭已有太多人说：“等我赚大钱，等我有空闲……”这些话或者不是故意骗人的借口，但是行善要及时，而且若要等自己“有余”，那么，没有一个时候是真正有余的，这也是修女所说的我们不能只想给自己可有可无、多余的东西的意思。

除了《一条简单的道路》这本书之外，我还推荐《爱的喜乐》，这本书是德蕾莎修女的嘉言录，每天一篇，共有三百六十五篇，这些文字可以在我们劳累困顿、挫折沮丧之际，鼓舞我们，让我们有勇气重新出发。

爸爸

B宝问：

要如何才能让“贫穷”成为只有在博物馆才看得见的东西？

爸爸答：

所谓“在博物馆才看得见”的意思是让贫穷绝迹。因为博物馆展示的都是过去存在过、现在已消失的东西，不过，这非常不容易。不管是古今中外，在人类脱离部落共有的集体生活，进入私有制的文明世界后，贫穷就始终存在于任何社会中。因为人有不同的聪明才智与机运，在所有私有制的制度下，有能力的人就会累积比较多的财物。同样的，会有一部分的人愈来愈穷困，甚至衣不蔽体、三餐不继。

我相信政府或社会公益团体不管是基于人道、正义或社会稳定，都必须重视这个问题，也该倾全力解决这个问题，不过，这真的很不容易，因为牵涉到太多复杂的制度与价值观。德蕾莎修女服务的地方是印度，因为印度有非常多极为贫困的人民，印度国父甘地曾经说过：“只有当穷人的最后一滴眼泪被擦干时，印度才能获得真正的自由！”这句话真是令人感慨啊！

壮游

那些为孩子奔走的人

带着爱心去旅行，
让自己的生命变得不一样！

TO A宝：

“敬上第一杯茶，你是一个陌生人。”穆斯林严格奉行伊斯兰教义：要将自己最珍贵的物品与任何客人分享。巴基斯坦科飞尔村的居民，以其特有的礼节招待来自美国的迷路登山家——葛瑞格·摩顿森。自此之后，葛瑞格闯入了远离尘嚣的境地，巴基斯坦贫瘠之地也加入了一位平凡的美国人。

“再奉第二杯茶，你是我们的朋友。”接受好客居民的飨宴，他想回报些什么。不经意地瞥见科飞尔的孩子手持木枝在沙地上学习，没有老师，只有热切渴望学习的学生，他想为这些孩子做些什么。一个承诺，让他不舍地告别静谧的国度，飞回美国开始执行梦想：一个平凡人的梦想，一群孩子难以实现的梦想，一块土地不曾奢望的梦想，他只身扛下这任务：为最偏远最穷困的角落盖学校。

“第三杯茶，你是我的家人，我将用生命来保护你。”有了毛拉的祈祷，有了孩子们的祝福，葛瑞格上路了！他曾穿越毒枭、强盗出没的地带，他曾蜿蜒于迂回陡峭的崖壁上，他曾误入一大片还未被清除的地雷区，他曾与塔利班面对面喝茶，如今他的梦想已经散播在许多几乎消失在地图上的角落。

葛瑞格的起心动念是一份承诺，这承诺是源自于他见到了一群人奋力追赶着早已远走的列车——教育。**世界的一端不敢奢求自己拥有教育，世界的另一端却视教育为理所当然；遥远的村落将铅笔、橡皮擦当成最珍贵的资产，繁华的都市对纸笔却不屑一顾。**

“塔利班势力衰弱后，阿富汗孩童入学人数从八十万增加到八百万，原来全是男学生，现在女学生占四分之一。”教育之火急速蔓延，但男女还未完全平等，常常逃不出根深蒂固的传统包袱。“学校一定要有一半女生”，葛瑞格不断和长老们确认，他认为“一个男孩上学，是个人进步；一个女孩上学是整个家族、社会的一大跃进、改革”。只有教育能将严重倾斜的天平平衡，弥补巴基斯坦、阿富汗饱受战火折磨的伤痛，救救受到塔利班政权欺压的女性。

教育，是和平唯一的捍卫者；我们，是教育的守护者。

B宝

TO B宝：

“我们国家，人民饱受三十年战火蹂躏，许多游击队同胞也在这些山谷间为国捐躯。我们努力捍卫国家，但也付出高昂的代价。”一位看破红尘、终身奉献于游击队的长老瓦希德·可汗缓缓说着，望着四周环绕的高峰山脊，他接着说，“有一位智者曾告诉我，这些山脉看了太多苦难与杀戮……那位智者又告诉我，抗战已经结束，应该要开始建立一个新的和平时代，第一步就是要把这些石头变学校。”瓦希德·可汗道出了位于中亚，生活在世界屋脊上，数十年来面临战火折磨的人们的心声与渴望。而葛瑞格与中亚协会的人正努力一步一步地完成他们的心愿。

阅读《石头变学校》时，感到不可思议的是原来承诺与梦想的力量是如此惊人，对于葛瑞格和他的同伴一同翻山越岭、奔走于人迹罕至的村落深感敬佩。葛瑞格的同伴大多是叛徒和社会边缘人，有前塔利班分子、走私毒品者、高山挑夫等。这些特别的成员不遗余力、完全地将生命奉献于提升女子教育。

背负着使命与承载着族人们的梦想，这群不畏艰难的队员深入塔吉克斯坦边境，在阿富汗与巴基斯坦各个角落留下爱的脚印。中亚协会的印第安纳琼斯沙尔法拉兹·可汗说：“葛瑞格对我很重要。没有他，我只不过是个卖牦牛奶油的家伙。”

心怀大爱、勇于挑战的葛瑞格，谦虚地面对来自世界各地的赞美，即使已扬名国际，他仍视自己为平凡人，继续奉献。害羞的他，为了中亚到处演讲、募款。他的理念与哲学很简单，最让我感动的是“从最偏远、最偏僻的地方开始建学校”。他认为那被遗忘的角落往往是最需要知识、学校的。

一个梦想，一个承诺，让我们充满感动。《石头变学校》让我看到了：当我们真心想完成一件事，整个宇宙都会联合起来一起帮助我们。

效法葛瑞格，不要怕，去做就对了！

A宝

看完葛瑞格·摩顿森所写的《三杯茶》以及《石头变学校》，我最大的感触是，从他身上证明了如果你的内心不断地听到一种召唤，而且你确信这召唤对别人有好处，就不要管你够不够聪明能干、有没有知名度、有没有足够的钱，勇敢跨出第一步，追寻我们内心的召唤，放手去做，其他需要的东西，老天必然会给我们。

这种召唤虽然来自于我们内心，但是前提其实是我们要能倾听别人，同理别人，能够感同身受地体会别人的处境，那么才有可能形成我们自己内心的召唤。

同时，从葛瑞格的真实历程，可以再度给我们这样的信心：不管是一群多么平凡的人，只要他们有着共同的理想，那么他们就能够面对惊人的挑战，并且完成他们从未想过能够实现的成就。

而且随着全球化时代的来临，世界各国之间的互动影响愈来愈密切，可以说是六十几亿的人口共同住在“地球村”里，没有人是孤岛，也没有人可以独善其身，因此如何化解各个民族彼此的隔阂与误解，协助全世界弱势的孩子，这已成为这个世界最迫切的问题与挑战，当然，也有许多人为此而努力。

褚士莹这些年提倡的公益旅行，就是鼓励青年学生不是用同情心，而是用同理心去看人世间不幸的实际行动，通过旅行看到外面的世界之后，或许能帮助我们决定如何为自己的人生踏出第二步。

《在天涯的尽头，归零》就是描述他这些年来在缅甸北部山区建立环保农场的经历。他把从整地、规划到正式经营的有机农场称为“我们的龙猫森林”，这是宫崎骏的动画《龙猫》上映后，在日本发起的运

【浪漫生活清单】

● 书：《三杯茶》《石头变学校》《在天涯的尽头，归零》《亲爱的小王子》《旅行箱的故事》《我们——走进青海、新疆、甘肃充满爱的角落》
● 影片：《香料帝国》

动，借助来自孩子的捐款，买下即将消失的都市森林，作为环境复育与教育的基地。荒野保护协会在将近二十年前成立时，也是怀抱着同样的梦想，经过很多人的努力，如今也在各个地方开花结果了。

最近我还看了一本非常感人又有趣的书《亲爱的小王子》，描述一位怀抱勇气的志工，翻山越岭带着一群被贩卖到都市的孤儿找到回家的路。有趣的地方是这个来自美国的志工，原本只是打算花一年的时间环游世界，在他旅行的第一站，随便找个“第三世界”的孤儿院当志工，那么在跟亲戚朋友讲这个行程时，感觉很酷，也可以炫耀自己的不同。想不到他这一去，就是七年，全力投入到救援尼泊尔儿童的行动中。

另外，有一本书《旅行箱的故事》也很值得看。这是十四个非洲孩子的故事，他们从战乱的家乡逃到南非，在难民中心的志工协助下，进行的艺术治疗计划，通过彩绘自己的旅行箱，叙述自己的遭遇。《香料帝国》这部电影里有一段对白：“有两种旅人，一种在旅行中看地图，他正要出发；另一种人看镜子，他正要回家。”但是如台湾世界展望会杜明翰会长为这本书写的序所说的：“还有第三种人，他们没有地图，因为前途茫然；他们也不看镜子，因为有家归不得。”打开这些孩子的旅行箱，就走进了一个个触动我们心灵深处的生命故事。

其实除了国际上有许多志工为弱势的孩子努力之外，台湾地区也有很多年轻学生投入，《我们——走进青海、新疆、甘肃充满爱的角落》这本书就是描述伊甸基金会推动的“服务游学团——带着爱心去旅行”计划，希望让青年志工通过服务，建立国际视野，并且拉近与弱势者的距离，同时在服务过程中能够自我学习。

从这些书里我们可以看到，这些人放着舒适文明的好日子不过，冒着危险与肉体的痛苦，与当地人过着一样贫困的生活，为什么他们会作出这样的选择？

看了这些书你们或许就会明白了！爸爸很盼望你们有机会也可以自己计划一下，参与这样的服务行动，让自己的生命不一样！

B宝问：

爸爸，什么样的契机让你决定要加入志工行列呢？

爸爸答：

记得爸爸读中学时，在你们伯父的诱导之下参加了童军团，之后常常会回想，在我的生命历程中，最庆幸的是参与了童军运动，这对我的人生观、做事态度与方法有了很大的影响，同时也认识了许多可以当做终生朋友的伙伴。

本来我是一个害羞内向、只喜欢看书的“乖孩子”，直到加入了童军团，生活好像突然多开了很多扇窗，世界也一下子宽广起来。而且在众多团长身上，我们看到那么多以身作则、热诚、开心且多才多艺的成年服务员的努力，在耳濡目染之下，从事公益活动也自然而然地成为生活习惯的一部分。

我就这样一路从建中童军团学到十八般武艺，到了大学时昏天暗地、没日没夜地筹备中山罗浮群，直到退伍后几年，与一些童军伙伴一起筹组荒野保护协会，也是希望对我们居住的土地与环境，能主动且有效地做一点事。

追梦

五月天，改变世界的摇滚乐

音乐，是心灵流浪与独白的媒介！

TO B宝：

“北冥有鱼，其名为鲲。鲲之大，不知其几千里也。化而为鸟，其名为鹏。鹏之背，不知几千里也。怒而飞，其翼若垂天之云……”庄子这段话，诉说着生命就是要不停追寻，追寻更宽阔的境界、更美丽的梦想。庄子的《逍遥游》使我想到了不断刷新台湾演唱会票房纪录的摇滚天团——五月天。

曾经，他们交白卷，坐上留级列车；曾经，他们被认为离经叛道、自我放弃；曾经，他们怀疑自己的未来。但他们不放弃，朝着梦想一步一步地走。他们是五月天，是筑梦的代表、实践的代言。

B，糯米对五月天如数家珍真是惊人，她说：“听五月天的歌，是一种很特别的感动。童年的梦想、疯狂的青春、朋友的可贵……从五月天的每首歌中，都能感受玩音乐的快乐。自创的词曲，每个音符都能触动人心，不论慢歌、快歌，High 翻天是五月天的专长，催泪更是五月天的绝招。**那是一种幸福的感动，给人勇气和力量，和五月天一起High到下个世纪！”**

打开MP3，领悟《知足》是放手才会懂，抓紧了便不会拥有的。聆听《志明与春娇》在《恋爱ing》后的孤独与悲哀，《OK啦！》可以《终结孤单》，因为有你当我的《垃圾桶》。想飞，想逃离这《疯狂的世界》，逃离考不完的试、写不完的评量，就暂时《离开地球表面》吧！

A宝

TO A宝：

还记得我们一起看“台湾演义”令人动容的五月天专访。

台下只有一位观众，台上驻唱的乐团仍拼命地演出，唯一的观众也是这家餐厅的老板。五月天的主唱日后回忆起这段经历说：“从此以后，再也不担心台下会有多少观众。”五位青涩的爱乐人，已经与失败打好交道，仍始终不放弃梦想。曾经是被看好的高才生，为了音乐有的被“二一[①]”，有的被退学；曾经，被记者们嘲讽：“我们都不认识你们，还妄想奔唱于八万人的工人广场？”如今，面对满满人海，挥舞的十万支荧光棒，他们以更真诚的乐声，感动迷失在茫茫星球的心灵。

充满黑暗的世界，正在彷徨、徘徊着，清纯地唱着一种乡村风，带我《离开地球表面》，俯瞰着这《疯狂世界》，通过《知足》的眼睛，世界一点也不疯狂。《人生海海》，我只不过是渺小一粟，《借问众神明》我到底算是什么东西，如果拿基测比《温柔》，请《叫我第一名》。《OK啦！》《憨人》也有《出头天》。瞥见角落里那本泛黄的书，开始

① “二一”起源于台湾，所谓“被二一”就是退学，现在引申为淘汰。

《恋爱 ing》，《参一咖》《志明与春娇》哀愁凄惨的爱情故事。《孙悟空》，咱们一起《轧车》，与城市一同嚣闹，我是你的《垃圾车》，你是我的《天使》，拥有《恒星的恒心》《终结孤单》《九号球进洞》，不要忘了，还有我们在你背后。

杂乱的书桌上，《天下》杂志封面的五个热血青年呼唤我进入他们的故事。“谁能跟自己的失败相处得愈好，就愈能坦然面对自己，又能在成功之后不会患得患失地继续走下去。”这是五月天能一路走来的成功秘诀。

每个人都想要这世界有一点改变，我希望以五月天为背景音乐，征服一条布满荆棘之路。

B宝

听到你们播放从好朋友糯米那里借来的五月天音乐 CD 以及演唱会的实况 DVD，才突然发现我自己已有好多年没有听流行歌曲了。因为我们现在住在山里，很安静，大部分是处在虫鸣鸟叫的天籁声中，偶尔播放音乐，也都是选择较轻柔的古典音乐。可是在你们上小学之前，我们住在市区里，有都市噪音的吵嘈声，所以只要人在家里就会持续播放音乐，好阻隔噪音，所以听的数量和种类比较多。

当爸爸妈妈年轻时，也很迷当时的流行歌曲，除了校园民歌、国语流行音乐，还包括现在你们也喜欢的披头士或来自瑞典的 ABBA 合唱团等。不过我们倒是疏忽了这些年家里没有电视，也很少听流行歌曲，所以你们对目前年轻人流行的国语或西洋音乐并不熟悉，有机会你们可以多接触一点，因为流行文化代表着某个时代的共同记忆、共同语言。

而且我认为每个人有不同的兴趣与喜好，并没有什么高低贵贱之分，也不太需要用品位好或坏来评断别人。喜欢听古典音乐的人不见得就比喜欢女神卡卡来得高雅，何况我们现在听的所谓“古典”音乐，在莫扎特、贝多芬他们当时创作乐曲的时代，也该算是当时的流行音乐吧！

记得有一年我去香港开会，晚上在旅馆里看当地的电视节目，看到对影星周星驰的专访，主持人问他说最近都在听什么音乐，只见周星驰很正经地回答：“古典音乐。”主持人追问：“谁的作品呢？”周星驰还是很严肃地回答：“披头士的音乐！”是啊，相对于现在，三十年前该算是老歌，是古典了吧！虽然披头士的音乐也可以算与五月天的音乐一样是摇滚乐！

摇滚乐与一般的流行音乐不同，他们不太像是打扮得漂漂亮亮、注重包装与形象的演艺人员，摇滚乐手是有想法的人，对体制或对某些威权不满，他们通过音乐而呐喊，“相信世界可以因为我而改变”，所以感染力有点像是宗教吧！不过时代变了，目前是个没有越战、韩战或冷战可以去对抗或批评的世界，那么摇滚所反映的是什么？

我看着你们借回来的五月天音乐，也上网去看了一下他们的一些介绍，我发现五月天认为改变世界的方法，是先改变那个被世界改变的自己！这是非常好的态度与视角，其实荒野保护协会二十年前开始筹备时，我们所标举的“温柔革命”就是这个意思。

记得美国在打越战时，国内有非常多反对的声音，包括所有的摇滚歌手。当年有一位男生，每天晚上一定点着一根白蜡烛站在白宫前面抗议，风雨无阻，长达数年。有个记者访问他：“你应该知道，你每天这么做，也改变不了什么事情！”那位男生说：“我知道，但是我每天站在这里点蜡烛，是希望我不要被改变了！”说得真好！

记得哲学家尼采在一百五十多年前曾说：“没有音乐，生活将是一种错误。”对我而言，音乐，是心灵流浪与独白的一个媒介。钢琴怪杰古尔德曾这么说：“音乐可以隔开人与世界，可以让你与世界保持一定的距离。”

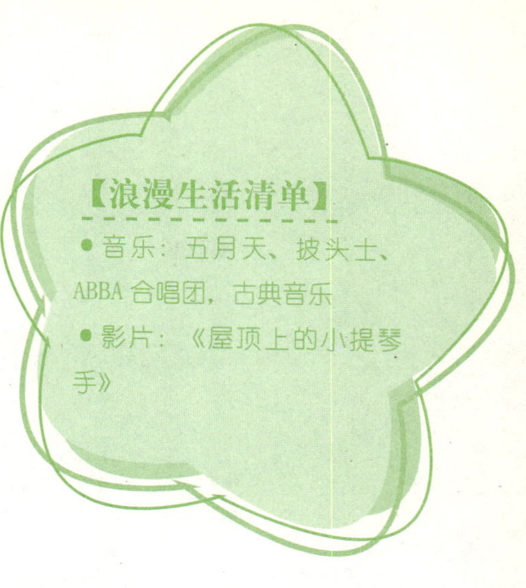

专栏作家杨子与政论家南方朔，两个学识渊博、看似严肃的人，却对古典音乐与诗词怀有莫大兴趣。尤其杨子对古典音乐的推崇简直无以复加，认为音乐的治疗功效非常大，可以使精神状态获得不同形态的释放或共鸣。他为什么特别肯定古典音乐？

有个古老的犹太民族传说，有位站在屋顶上的提琴手，在你流浪途中倦了、累了、心力交瘁、暗自流泪的夜晚，他将出现在屋顶，拉出一首曲子，来抚慰孤独的心灵。

不知道是不是因为这个传说的缘故，还是电影中太多首很棒的歌曲，《屋顶上的小提琴手》这部音乐电影我很喜欢，你们在我推荐之下看了也很喜欢，《小王子》这本书中说，每当他情绪不好时就会看落日，因为他的星球很小，只要挪动一下，就又可以看到落日，他说，有一天他看了四十六次落日。

我们不在小王子的星球上，我们没办法常常看到落日，但是我们有CD、有音响，可以随时徜徉在音乐的世界里。

爸爸

A宝问：

爸爸，那你想过改变世界吗？渺小如我们，又可以怎么做呢？

爸爸答：

这些年爸爸花了不少时间写文章，也是祈盼大家可以通过这些文字看到日常生活之外的另一个世界。

想起我最喜欢的一部小说——《堂吉诃德》。其中有个容易被人忽略的角色，那位梦幻骑士身旁的随从，矮胖又粗俗的农夫桑丘。当堂吉诃德一次又一次地向风车挑战，一次又一次去打那不可能打败的敌人，他是个无视于现实的梦想者，从他的视线看出去的世界是有许多盲点与死角的。相对的，世俗又现实的桑丘却在一次又一次与堂吉诃德的相处应对中，逐渐有机会通过堂吉诃德的"镜片"，往另一个世界望出去，虽然他看的没有堂吉诃德看的那么真切，但是，一旦他看到了，体会到了，也会知道，那个世界一样也是真实地存在着。

美国国家公园之父约翰·缪尔曾这么自我期许："我在有生之年只想诱导人们，观赏大自然的可爱，我虽特殊却微不足道，我愿做一片玻璃，供阳光穿透而过。"

爸爸希望自己的文字就是那一片让阳光穿透而过的玻璃。

实践

虽然傻，但是活得兴高采烈

真正的热情是要一头栽进去的，苦与乐都是享受！

TO B宝：

鱼鹰站在枯木上，展开双翅，英挺地伫立着。旁边的泽凫，扑通扑通地潜入潭里。通过望远镜，看到湛蓝的潭面上快活的水鸟们嬉戏的景象，不禁令我们着了迷。这是位于垦丁龙銮潭的鸟乐园。

时而燠热掺杂着点闷闷的气息，时而吹起强大的落山风，垦丁是热情的女郎，就连冬天也不歇息。寒假，我们到了温暖的恒春半岛。不仅看到了各式各样的水鸟，也在垦丁国家公园里，认识了默默地守护这片乐土、为这个南方岛付出的无名英雄。

有“数鹰人”之称、专门研究猛禽的蔡乙荣叔叔；细心地趴在石块上做记号，只为了避免施工时伤害到以石头为家的小动物们，几乎每个假日都到龙銮潭观察水鸟，戏称自己是“龙銮潭潭主”的刘川叔叔；独自在社顶公园的山里奔走，采集及复育黄裳凤蝶的杜虹；为社顶部落尽心尽力，搭起部落巡守队桥梁的勇者潘民雄；热情的解说员严士杰等。

他们的故事，他们努力的成果，真令我感动不已。

“啊！是大冠鹫！”正当我们正津津有味地看着鱼鹰抓鱼时，蔡乙荣叔叔叫道。抬头仰望，视线已从湖面转到了蔚蓝的恒春天空。只见一个黝黑的影子从天际间飞来。大冠鹫朝向我们，顺着气流盘旋而上。蔡叔叔跟我们分享他的故事，以及做解说员的心得——“保持热情”“解说要用心，但不要太用力，否则会把听众吓跑”“我们的价值是带给别人不同的感动”。蔡叔叔对事物总是抱有乐观、豁达的看法。即便只有一名听众，他也会竭尽所能地解说。从蔡乙荣叔叔身上，我学到了——尽最大的努力做事。

琵嘴鸭妈妈带着一群鸭宝宝，成群结队地在龙銮潭中游泳。看着它们与清澈无比的潭水，想到了这群守护自然的使者，他们的精神与毅力会跟着狂飙的落山风，不停地吹着……

A宝

TO A宝：

被寒冷驱赶着，我们如候鸟般迁徙到温暖的垦丁。冬天挡不住垦丁的艳阳，艳阳却也止不住强劲的落山风，落山风更吹不灭我们此行的热切。除了几个著名景点：出火、因《海角七号》闻名的白砂、最南端的渔港后壁湖、野鸟乐园龙銮潭等，我们也将起程探索更荒野的垦丁。

有个小小的身影经常在社顶生态步道出没：有时在草丛里窸窸窣窣地钻来钻去，有时也会爬上高大的树干。她的本名是谢桂祯，笔名杜虹，她是不分昼夜观察、复育“黄裳凤蝶”的主帅。她曾经踏遍社顶部落的每一块生态区，寻找只有手指头大小的凤蝶幼虫，也培育黄裳凤蝶的食草，让我们初次拜访就能亲眼见到它的庐山真面目。当我们惊叹之余，她却不居功地赶忙补充："当初研究这个主题，教授们都不相信能成功，但幸好遇到两个超级志工：一个是慕名而来的黄裳凤蝶迷，一个是对森林十分熟悉的社顶原住民。"

或许在有些人的眼中，花了好几年甚至是毕生精力，维护几只小小的凤蝶，根本就是"疯"了！历经生态区遭破坏、经过专家评估后栽种的蝴蝶食草多次被偷走，杜虹仍不放弃自己的目标。行动派的她拥有超强意志力，感动了部落居民一起来守护部落生态。

屏东市一家小小的医院里，病床上躺着的是虽然无法行动自如，却仍能令人感受到他的毅力的潘明雄叔叔。他是社顶部落的居民，也是垦丁国家公园中许多教授及研究人员的森林向导，早期是以打猎为生的原住民，如今已投入梅花鹿复育的工作多年。曾经，梅花鹿"小六子"的故事，感动了许多人。"生性胆怯的鹿，很难让人亲近，小六子却不怕人，是镜头前绝佳的明星，由我养大因此把我当成妈妈，我们感情深厚，野放时它依依不舍不肯离去。后来意外掉入山谷。"潘叔叔回忆当时情景，思念之情油然而生，眼泪也不自主地流下。他希望后代子孙们也能看见梅花鹿美丽的身影，便组织了巡守队一起守护这块丰富独特的土地。可能，上帝要他停下来喘口气，在一次执行巡守的任务时，他突然中风病倒了！但是他的精神，影响了许多部落住民投入生态保育的工作。

这些执着的"疯子"坚守仅存的乐土，站在第一线上，毫不畏惧，希望美丽的台湾依旧翠绿。

ß 宝

你们知道吗？常常有不少朋友好奇地问爸爸："什么是'荒野'？""你们要保护什么？""你们办哪些活动？"一时之间我也很难回答。

倒是想起一个小故事。在一次国际性的宗教研究会上，有一位美国社会哲学家对一位日本神道教的神职人员说："我参观过你们的典礼，也看了你们许多神庙，但是我还是不了解日本神道教到底在传达什么，什么是你们的中心思想。"日本人停顿了一下，仿佛在深思，然后他摇摇头说："我想我们没有在想什么，我们也没传达什么，我们跳舞。"

是啊！"荒野"的理念是什么？到底，"荒野"想要干什么？

不知道我能不能这样回答："'荒野'只想要大家能在天籁之下起舞！"

愿望就是这么的简单。

爸爸知道人很渺小，不该期盼太多东西，因此，如果能够的话，我只祈求上苍把我失去的还给我——还给我清澈的溪流，还给我在门口榕树下乘凉的环境，还给我与自然悠闲相处的心情。

"荒野"的初衷也只是希望大家能在天籁之下起舞，让我们能在荒野中，探知自然的奥妙，领悟生命的意义；让孩子可以在自然中培养丰富的想象力与创造力，让台湾的孩子从小就有机会被台湾的自然生命所感动，培养与台湾环境之间的情感。

也因此，这些年来我们一起在台湾各地方旅行时，爸爸常常会找"荒野"的志工带我们去探访他们的秘密花园，看见不一样的台湾。这些默默守护环境的志工，花了非常多的时间，像傻瓜一样出钱又出力，可是他们却每个人都眼睛闪闪发光，充满了热情，往往比他们的解说带给我们更深的感动。

这些人在别人眼中是疯子，或者是特立独行的怪人，不然就是傻子，可是我却觉得这些因为有梦想而活得兴高采烈的人是快乐的，而且因为他们勇于面对自己，勇于拒绝物质诱惑以及社会主流价值，这种执着与傻气，才是这个世界进步的动力！

就像这次我们在垦丁碰到的几位叔伯阿姨，就是这类的人。你们有没有发现，这次去垦丁与你们以前学校旅行到垦丁时去的地方都不一样吧？

每年有好几百万的人到垦丁公园，可是大部分的人都只是塞车在短短百来米的垦丁大街上，或者到南湾海岸散散步、游泳戏水，或者到一些出名的景点拍下“到此一游”的相片，然后到争奇斗艳的餐厅、Pub用餐狂欢，如此就轻易结束垦丁之旅其实是非常可惜的，毕竟垦丁真的非常远，去一趟得花费许多车程时间，排放许多二氧化碳。

垦丁有非常多样的自然生态，也有许多的人文史迹，更是台湾唯一的热带海岸林，有着与赤道附近地区一样的生态与植物。

那天一大早，蔡乙荣与刘川叔叔带我们到龙銮潭南岸赏鸟，水天一色加上耳际传来天空中恣意飞翔的大冠鹫短而洪亮的鸣音，真是很棒的享受。在西岸的龙銮潭自然中心，在非常接近岸边的地方有整片的落地窗户让我们贴近优美又辽阔的景致，同时也有十多只架设好的高倍望远镜可供我们探索鸟类的生态，若不喜欢待在室内赏鸟，自然中心户外也设有赏鸟墙可以近距离观察。

另外，我们也到全台湾最南端的龙坑生态保护区，在落山风侵袭下，举步维艰地来到观景台，同时看到太平洋与巴士海峡，我们可以真正领略到什么叫作惊涛裂岸，一路上的珊瑚礁地形，崩崖、裙礁、峡谷等独特的地形景观，仿佛来到了哪个不知名的荒凉外星球。

其实到垦丁除了看鸟、看海、看地形、看植物之外，还有一个全台湾只有此处有的，也是国际知名的梅花鹿复育区。

梅花鹿自古以来纵横于美丽之岛，但是由于数百年来大量的捕捉，最后一只梅花鹿于1972年在台湾的野外绝迹，从1987年起，人们在垦丁社顶公园设置了梅花鹿复育区进行研究与繁殖，从1997年到2012年间，共进行了十四次野放梅花鹿的行动，总计野放233只梅花鹿，据调查，目前在垦丁地区的野生梅花鹿族群已经超过一千只。

就像我们去年拜访的潘明雄叔叔，他从梅花鹿的复育计划一开始就负责饲养照顾工作，他早年曾经是靠捕捉野生动物为生的猎人，在垦丁国家公园成立之后转为动物调查人员，以赎罪的心情，投入全部的心力在生态保护的工作上，甚至在执勤中病倒了！看着他在病床上还念念不忘他所训练的志工团队，同时也因回忆起他与梅花鹿相处的点点滴滴而流下欣慰的眼泪，真的很令人感动，也觉得这样的生命是很精彩的。

精彩并不是要赚多少钱，或是功成名就，而是一种不后悔的人生，一种淋漓尽致生命全然展现的人生！

一生过去，留下来的只有回忆，我发现，真正的回忆来自热情，虽然往往热情会被认为是愚蠢。人们常会成为那个聪明的旁观者，但是聪明人忘掉了，只有将生命投入其中大玩一场，才不枉此生！

爸爸

B宝问：

将生命投入其中，你明白了什么？

爸爸答：

人到底为什么活着？或者比较典雅的说法是“生命的意义是什么？”我想这大概是人一生中不断会询问自己的问题。这个问题跟人生其他重要问题一样，没有标准答案，但是爸爸觉得生命的意义就在于过程本身，而不是追求某个最终的目标或成就。我说的淋漓尽致的人生，指的是自己觉得对得起自己，生命不会白来的安心感，因此不论我们在成长过程中是辛苦或顺遂，快乐或忧伤，都值得我们用心体会与珍惜，因为这都是生命的礼物。

志向

记者，独行者的时代视野

志向需要机缘、磨炼与信心才会发光！

TO A 宝：

记得段考前一个夜阑人静的夜晚，清脆的扣门声，好像正预言着将有事情要发生！一位可爱的女子翩然来采访爸爸，她兴奋的神情显现她是多么投入工作，书房里不时传出阵阵笑声。当她准备离开时，我们逮到机会急忙请她解惑。记者的工作是什么？为什么假日晚上还要采访，却仍神采奕奕、乐在其中？

以前我以为记者们的生活就是追逐“独家”“头条”，也常把“狗仔队”“八卦新闻”与记者画上等号，或许看完此“独家专访”能打破刻板印象、解开迷思。

妙语如珠、反应超快是我对她的第一印象。“只要每天打上六篇五百到一千字的文章，不需特别训练，自然也能练就一身好功夫。”她还说：“为了应付意想不到的变化，平时还得累积题材、文稿，就像事先做好‘餐包’放进冷冻库，没有东西吃的时候，拿出来放进‘微波炉’里，就有现成的啦！”有时候深夜下了班，坐在路边小吃摊，享受难得的片刻休息，突然接到上司的紧急命令，任凭上司点的是何种“山珍海味”，即便上山下海也必须准时完成使命！不是只有战战兢兢的记者需要遵守这个游戏规则，人生中也有许许多多无法掌握的事，即使再悲哀、再愤怒，闹钟一响，依旧得爬起来面对充满无限挑战的明天！

为什么要学习？学校好像忘了开这门课程，但是却是我们一踏出学校第一个要面对的事情。从这位历经挑战、颠簸的专业记者身上我找到了答案，学习是为了让人生更丰富、有更多的选择，选择自己真正有热忱的事业！ 这位接受长达一个多小时采访的女士即是最佳典范。没有下班，没有周末，更别提寒暑假，她简直就像是嫁给了新闻！当“好可怜”正要从我嘴中冒出时，她满足的笑容立即融化了这三个字，对她来说，每一天都去接触新的人、新的事物，每一天都收获满满。何尝不令人羡慕！

B宝

TO B宝:

傍晚在自助餐店排队，瞥见左上方墙壁上的电视正在播报新闻。画面中的记者，冒着冷飕飕的风雨在街头采访，还要努力保持微笑对着镜头说话。所以今天看到了记者来我家，我和B不禁相视而笑。

薛阿姨原本是要来采访爸爸，不过后来竟成了我们采访她。生动的内容、活泼的譬喻、夸张的动作，叙述着当记者的种种经过、奇闻轶事、挫折困顿。我们仿佛还跟随她参加气候变迁高峰会，在哥本哈根与众多媒体一起排队等候消息，在雪地里焦急地不断找寻能及时回传新闻稿的计算机。

原来，当一位记者不仅要有在二十分钟内写完稿的能耐，除此之外，怀抱着热情是最重要的。薛阿姨的一段话深深感动了我，不管做任何事、任何工作，都要怀抱热情。因为热情，能带给我们源源不绝的动力。我想，薛阿姨因为有这份热情，所以会投身第一线二十多年，也因为这份热情，才会在我们家采访到凌晨一点。

因为记者阿姨的叙述与经验，我对记者有了不一样的认识，也对记者这份职业感到好奇。爸爸推荐了电影《大特写》和日剧《顶级女主播》。热忱，是做好每件事的基础；良知，更是真正为民喉舌的优秀记者所需要具备的。在《大特写》中，珍·芳达饰演的女记者，发现核能发电厂的安全出了漏洞，随时可能有核能外泄爆炸的危险，纵使会损及少数高官、业者的利益，但为了众多人的生命安全，她冒着被炒鱿鱼的风险仍勇敢找出真相！另外，《顶级女主播》在抢独家新闻的时候，更不忘了寻求真理。

记者阿姨的分享以及带给我们的感动，我不会忘记。做任何事都要抱持着热情、全力以赴、手摸着良心。这样才能感动别人，感动自己！

A宝

平常你们从报纸的新闻中知道世界发生了什么事，或者看着电视里的记者穿着光鲜亮丽的衣服在事件发生的现场采访，记者似乎随时出现

在我们生活周围，但其实却又不清楚究竟记者平常都在做什么。很高兴你们有机会反过来采访记者，了解他们的职业。

薛荷玉阿姨现在是《联合报》专门报道教育新闻的记者，但是很早以前她在《民生报》（现在已停止发行）担任环保线的记者，因为她们的努力，许多环境破坏的事件被发现与制止，荒野保护协会也是在她们的协助下，得以守护住台湾珍贵美好的自然环境。

的确，当记者最棒的地方，就是可以改变世界，因为他们的报道，让更多人知道时事，进而关心，然后汇聚成行动的力量，推动世界朝向一个更公平正义合理的方向发展。但是你们也从薛阿姨身上看到，要成为一个有良心、有影响力的记者，需要怀抱多大的使命感与热情，才得以克服来自于自己与周遭的压力。好记者必须能够免于利益团体的诱惑、拒绝和体制妥协，同时在这个现实的社会中拒绝世故，保持纯真与对美好世界的憧憬，当然，也得克服自身体力的限制还有不时会有的沮丧、失望与寂寞。

有几位世界著名的记者就曾这么描述过记者应该做什么，应该具有哪些能力："记者的报道是一束光，这束光照亮世界上最黑暗的角落，让人们知道发生了什么事。""记者应该能大量阅读，以了解别人在想什么说什么，哪些是老生常谈，哪些不是。"

我觉得好记者并不是如媒体上看到的总是身处在既热闹又光鲜亮丽的场合，他应该是一个独行者，独自探索时代的前沿，或者独行于众人目光焦点之外，而不是报道一些可有可无或追求流行时尚、八卦煽情的事件。

记得爸爸读高中时，台湾刚兴起"报告文学"这样的深度新闻，与当年许多满怀理想的有志青年一样，我很想当一个这样的记者，可惜后来评估自己才华不够，勇气也不够，最后虽然选读医学院，但是内心还是常常浮现报告文学工作者踽踽走在山巅水涯、世界尽头，那种既浪漫又孤独的身影。

不过随着时代变迁，网络与信息通讯科技的发展，我们不必再冒着“抛家弃子”“牺牲奉献”的危险，也有机会成为一个能够实现理想的“公民记者”，比如公共电视这几年就在极力推动公民记者，鼓励一般民众报道自己关心或居住小区、城市的第一手观察，通过手机摄影的功能，可以很快传送亲身经历的报道给全世界的人看，公共电视有专用网站供发表，并且有专业人士协助做后续的报道，尝试解决网络上如浩瀚大海般无穷无尽、搞不清是真是假的讯息的缺点。过去新闻记者都是属于特定的媒体与组织，每个人都是领薪水的专业人士，虽然也许有党派、立场的限制，但比起属于义工形态的公民记者当然专业许多，而且新闻应该都是求证过的，比较不容易有造假新闻的机会。

不过目前还有一种叫作“全球公民记者”的自由投稿记者，他们虽然不隶属于某个新闻媒体，不过都很专业，他们将采访的新闻投稿（转卖）给媒体。这些全球公民记者中，爸爸特别佩服张桂越，她曾经出版了《失去非洲的犀牛》以及《追猎蓝色巴尔干》，非常精彩也令人感动，她以“无疆界媒体”（有点像“无国界医生”）的勇气与执着，深入一般人不敢去的地方，为我们带来第一手的观察与报道，从这些出生入死的记者身上，我发觉他们的生命志向就是在追寻世界的公义与和平，爸爸很庆幸有这么一群“傻子”，令这个世界还能让人感受到一丝丝的温暖，还有值得让我们继续努力的希望。

不过从对记者这个行业的了解，有没有让你们想到以后要从事什么行业？你们有比较明确的兴趣或找到了自己的天赋了吗？

我知道你们一定会摇摇头，其实你们目前还不确定自己的兴趣天赋，不过这也没有关系，重要的是想办法充实自己，设法让自己成为一个具有许多专长的人，即便必须转换不同的职场，也都能适应或存活下来，因为有时候天赋和才能需要有耐心地在漫漫的人生中磨炼出来，急不得，但是要对自己有信心。

我觉得大多数人对于自己生命的志向（或者说天赋、梦想、使命也都可以）一开头或许只是小小的念头，是一个非常模糊的概念，然后在跌跌撞撞中，搭配上各种机缘，然后才会出现。甚至我会觉得，太早太早就发现自己天赋的人，反而会丧失许多可能性，遗憾地错过许多生命路途中的美好。

因此，不必太在乎自己考试考得好不好，或者太担心自己选错科系怎么办，但是我们要很认真地学习，把握各种机会尝试新的挑战，并且找到属于自己的梦想。

梦想不是现实的目标，因为理智的规划常在时代变迁的洪流中被淹没，而心愿是种神秘的力量，会召唤出许多的贵人与机缘前来助我们一臂之力，而且我觉得具体的目标会形成生活的压力，使我们充满了挫折，而梦想却给予生命热情，让我们每天迫不及待地起来面对新的机会。或许这就是薛阿姨跟你们提到的，对于工作要有热情的原因吧！

爸爸

A宝问：

我不知道我未来可以做什么。

爸爸答：

我知道许多年轻朋友跟你一样在时代快速变迁之下会彷徨、会迷惘，不知道该从事什么行业，担心自己所学的东西以后没有用。

其实我觉得不必害怕，也不要想太多，因为世界真的改变太快了。去年有一场国际论坛，有位著名的商学院院长说："不是我看不清楚未来，而是未来变化太快了！"面对这有如刹车坏掉的失控火车般的时代，每个人的压力都很大，不只是我们自己，包括全世界的年轻人，甚至大企业家、世界各国政府领袖，无一不是焦虑地面对这令人"看不清楚"的未来。

我们并不孤单，这是首先要体会到的。

因此，我们也无法期待别人、期待政府规划好产业环境，期待企业训练我们，我们必须觉悟到我们就是自己等待的人，就是自己唯一可以期待与改变的对象。

因为谁也测不准未来，所以若我们初入社会就找到不错的工作并且表现不错，不要太得意，也许只是我们运气好，趋势或许随时会改变，记得要谦虚一点并且不断地把握学习的机会；相反的，若我们一再遭遇失败挫折，也不要太沮丧，人生中"猪羊变色"的机会很多。

挫折

卓别林，在搞笑中深思！

笑中带泪、迎向灿烂
明天的摩登时代

TO B宝：

原本因为段考时粗心，失了许多分数而懊恼不已，心情就像灰蒙蒙的天空，阴沉沉的。但是，今天，喜剧大师卓别林又让我恢复了以往的好心情。

他在《摩登时代》里说道："永不言败！"挫折来了，就微笑吧！微笑是个重要的课程，唯有微笑才能化解人生的苦闷。

于是我告诉自己，考坏没关系，好好检讨然后微笑，笑着再面对下一次的考试！明天何其灿烂啊！

银幕中的卓别林，轻拄拐杖、唇上留一道短髭，举手投足都让人捧腹大笑。每个表情、每个动作都意味深长。

他从小生长在穷困的环境中，生活水平不佳的陋巷造就了他肯吃苦的品格，和一颗充满人道主义的心。"一部会让人从头笑到尾，但哭着走出场的电影，就是所谓的一流喜剧。"看完卓别林的喜剧就像享受一场盛宴。在《摩登时代》中，警察的无礼、机器时代的来临和工厂小工们的反应，让我们看见了当时社会的不公平。片中，卓别林和女主角的努力，最终化成了泡影，但卓别林说："微笑！"只要你微笑，就会发现生命仍是值得努力的，这份勇于和命运搏斗的勇气，便是使得卓别林的喜剧与众不同的原因。

看似无厘头的喜剧，却蕴含了许多深刻想法。跟着落魄绅士卓别林一同游历了工厂、监狱、百货公司和餐厅，我看到了不少不公平。我很庆幸自己生活在这个不被压制的年代，尽管将来会遇到不少挑战，但我还是会以卓别林"永不言败"的态度面对所有的挫折，希望能在生命中创造更多璀璨与不凡！

A宝

TO A宝：

一位头戴圆顶礼帽、留着一撮小胡子、身穿窄窄的礼服配上松垮的裤子，拿着招牌拐杖的小矮个子向我走来，化解了我考试之后沉闷的心情，他就是喜剧泰斗——卓别林。

在电影《摩登时代》中，卓别林扮演可怜、无辜的人民，当时正值经济大萧条，被裁员的员工、无家可归的孤儿以及为了吃牢饭而犯罪的犯人等，无数的市井小民受到卓别林的幽默鼓舞而重新振奋。

卓别林的喜剧片最大的特色，是在笑闹声背后，往往令人感到沧桑，而且充满了对社会不公正的现象以及对政府的独特批判。

片中，我最爱的一段是卓别林在工厂当一位不起眼的员工，每位员工虽然都默默无闻，却缺一不可，因为只要一个步骤出错，工厂就会大乱。但是，老板却丝毫不体谅员工的辛苦，他们宛如工厂输送带上的物品，被无情地翻来搅去。长久以来，不间断的工作已经成为一种习惯，所以卓别林离开工作岗位后，依然重复着手上的动作，看到什么都想要扭一扭、转一转，而这正反映了人们不能像机械一般永无止境地运转，偶尔也要休息，并且换换其他事情做。可惜身处在当时的人只能逆来顺受，除了无奈，悲天悯人的卓别林通过搞笑幽默的喜剧来表达人民的心声。

“翘起脚跟、卷起手指、睁大眼睛、摆动拐杖”，卓别林虽已逝世，他的举手投足却深植在我们心中，时时刻刻鼓舞着我们，即使面对困境，只要以微笑面对，依然能走上康庄大道；尽管前面有无数的困难与阻碍，只要抱着坚定向前的意念，风雨过后，阳光乍现之时，必能绽放更动人的生命光辉。

嘿！A，你喜欢爸爸推荐的《摩登时代》吗？

B宝

电影发明至今已有一百多年历史，是全世界的娱乐与创意产业的驱动力，因此各国都倾国家之力扶植与发展电影业，在这无法计数的影片与明星当中，卓别林是永远被怀念的大师，我们看着他滑稽的动作捧腹大笑之余，内心是不是也会隐隐约约浮起悲悯与感动的情绪呢？

卓别林所拍所演的大部分电影，都是以平凡小老百姓为主角，他们面对生活困境的努力，或许常常失败，常常闯祸，可是永不灰心，还能主动对更弱势、更贫穷的人施出援手。看他的电影会使我想起周星驰的电影，在你们以为搞笑、无厘头、胡闹的背后，我屡屡看到他对社会的嘲讽，而且这些小人物在生活中总是怀抱着梦想，力争上游。最难得的是，不管卓别林或周星驰，通常并不会像好莱坞电影那些“昧于事实”的励志片那样，主角最后总会实现梦想成功赚大钱，而是小人物终究还是平凡的小人物，只是他们在困苦的情境当中，精神能自我超越与升华。

我之所以会说“昧于事实”的原因，是因为世界上大部分的人纵然怀有梦想，即便非常努力，可是往往辛苦一辈子最后仍然非常平凡微不足道，这才是人生的真相。市面上满坑满谷的励志书或励志电影，虽然内容都号称是真人真事，但是那些幸运儿毕竟是少数中的少数。

这几年全世界最畅销的书是《秘密》，其实内容反复强调的就是鼓励我们只要正面思考就能够心想事成。有许多励志格言的确可以激励人生，让我们振作起来，比如海伦·凯勒说：“只要我们坚持得够久，就没有做不到的事。”汽车大王福特也说：“不管你相信你做得到，或你做不到，你都是对的。”

我们的确要积极，要努力，不要抱怨，心力集中在正面且可以做的事，甚至之前看完电影《恶魔教室》后，爸爸花了很多时间举了很多例子跟你们讲人是多么容易被“情境”所影响，人的肉体会影响到心理等许多心理学的实验研究。这一切都没错，不过现在我想提醒你们的是：“万一我们真的很倒霉，不断地被连累或陷害，我们很努力却没有被看到，很认真却没有好下场，这时候该怎么办？”

当大家都不断强调“只要你够努力，一定会成功”，可是万一我们就是不断失败，那又该如何自处？

其实在这个全球化无国界的高度竞争之下，失败是非常可能的。我们以为我们很认真了，可是全世界这么多竞争人口里，比我们还认真的，不知道有多少呢。我们以为自己很优秀了，可是放眼全世界天赋强、条件又好的简直多如繁星呢！

在目前这个时代，有好的学历不见得能找到好的工作，像不久之前从非洲引发的革命风潮，引爆点是突尼斯大学毕业生90%的失业率，甚至欧盟二十多个国家里，二十五岁以下年轻人的失业率平均是24%，比较严重的像西班牙或希腊等国，年轻人的失业率都将近45%呢！

我常常提醒自己的是，我们无法掌控时代，也无法掌控别人的行为，但是可以掌控自己的行为与态度。我也很赞成傅佩荣教授说的："一个人的能力不在于他能够得到什么，而在于他可以承受失去什么。"

这种能力的培养必须来自于平常的生活习惯，我们是不是对于物质享受能够不依赖，在与人的互动里，可以淡然处之，自己一个人孤独的时候，也可以活得愉快。这也是我们家平常生活得很简单，爸爸也希望你们养成阅读、接近大自然等比较自给自足的精神飨宴的原因。

此外，还要保持幽默感，就像卓别林和周星驰的电影告诉我们的，如果人生不够美丽，我们何不幽默一点，至少让人生增添一点趣味呢？如同《美丽人生》这部电影，同样在纳粹集中营的生活，也可能成为孩子眼中闯关夺宝的战斗营。

尼采说："一个人知道自己为什么而活，他就可以忍受任何一种生活。"其实只要人心中有憧憬，精神有更高更远的价值追求，不要说是忍受，我们不但可以接受，甚至能够享受任何一种生活呢！不过这种憧憬或追求，不能是现实社会的金钱物质或功名权位，而应该是一种主动付出为更美好的世界而努力的目标。

记得美国前总统里根讲过一句我非常喜欢的话：“假如你不在乎谁得到功劳和名位，那么你可以做的事情有无限多。”的确，即便我们是微不足道的小人物，没钱也没权，可是绝对可以为社会增添一点温暖而正面的力量。

不过爸爸讲的这些离你们现在都太遥远了，可是相信你们即便在学生这个阶段，还是会碰到许多挫折，有伤心难过的时刻。**人是情绪的动物，无论平常多么乐观，也会有消沉沮丧的时候，这时候可以想些温馨快乐的事，甚至平常就可以准备一个“快乐宝盒”放在抽屉里。**

宝盒里放一些你们看了会觉得很温暖的朋友来信或相片，你听了会很开心的 CD 或看了会哈哈大笑的影片，甚至放一些超级好笑的笑话，平常就要收集好放在一个自己很容易拿到的地方，使得我们正在伤心难过，沮丧到动都不想动的时候，就可以很方便地拿到，不必再去翻箱倒柜地寻找。

另外，也要想办法养成事事朝好处想的习惯，那么当我们倒霉时，才可以庆幸还好没有更倒霉，比如说当针扎到手的时候，要能这么想，幸亏是扎到手，没有扎到眼睛。

有人说，看悲剧电影或故事，具有洗涤人心的效果，我不知道是不是多多少少带有一点这种作用。

勇气

比放弃更困难的选择

找到坚持的动力，跨越苦难与障碍

TO A宝：

为什么要学习如何在野外生活？如今很难见到英挺的大冠鹫遨游天际，除了人行道上稀疏的翠绿也很难见到绿树成荫，更别说那些具有威胁性的狼、黑熊，想一窥它的真面目只能到动物园吧！或许很多人连“野外”长什么样子也不晓得呢！

且慢！大家或许曾有出国旅游的经验。坠机、撞山等事故，夺去了许多人的宝贵生命。但也有些意志坚强的人，证明我们能在毫无防备的情况下顽强地生存下来。飞机坠落在冰天雪地的安第斯山，仍可以勇敢地面对孤独、死亡的威胁，重返人间。《为爱活下去》的作者南度·帕拉多做到了，《手斧男孩》中的布莱恩也做到了！

野外求生知识终于有了派上用场的时候，就像保险一样，虽然我们宁愿一辈子也用不到，但具备野外求生知识是不可忽视的。布莱恩是一个都市小男孩，独自在荒野中生存了五十四天。他是如何办到的？

首先，不要害怕面对孤独，不要被松鼠在枯叶中穿梭的沙沙声吓着，要习惯鸥枭的小夜曲，倾听自己的声音。并且，向动物学习，人类即使有万物之灵的傲气，在森林中也发挥不了任何作用。尽早理解“一只动物的生就是另一只动物的死，但每只动物的死都有它的价值”。

如果用一句话形容荒野中的生活，没有比“食物是一切”来得更贴切。感谢丰富的大地，珍惜万物生命，不浪费、不贪婪，大自然能永生不息，是有套规则在默默运作的！

布莱恩靠着野外求生知识渡过危机，南度·帕拉多则是靠着“爱”。

南度要飞去智利参加橄榄球表演赛，遭遇空难飞机坠落在安第斯山。寒冷的风雪夹杂着死神的呼唤，南度的妈妈和妹妹也逃不过死神的招手。更难堪的是幸存的人，要靠着吃死去同伴的身躯才能活命。为了下一秒、下一口气，他要认真地活着；为了活着的父亲，他更要勇敢地穿过无边无际白茫茫的雪地，找寻一线生机。因为心中有爱，因为心中还有值得坚持的力量，激发了潜在人心中遗失的动物本能。

B宝

TO B宝：

一把小斧头救了《手斧男孩》布莱恩，爸爸另外推荐我们的《星星婆婆的雪鞋》也很精彩，一把小斧头不仅救了两个老妇人，还救了整个部落。

《星星婆婆的雪鞋》描述的是阿拉斯加极地的一支游猎部落，面临饥寒交迫的困境，不得不抛弃两个行动迟缓、爱唠叨抱怨的老女人。但是绝望、遭背叛，却唤起了她们遗忘已久的力量与智慧。她们在森林里长途跋涉、千辛万苦地设下陷阱、伐木、追鹿与打鱼。两个老人在大自然里，靠着一把短柄小斧头与彼此坚定的友情渡过了难关。

故事的最后，那些背叛他们的族人，个个饥寒交迫地回到了部落，也找到了她们。历经了一番挣扎，爱还是战胜了不安。老婆婆把丰富的食物分给了族人，也接纳了他们。而彼此双方都学到了：人都有自己不知道的一面。部落的人一直以为自己很强壮，但他们也有脆弱的一面；相反的，两个老婆婆原先被认为是最无助、最没用的人，后来却证明了自己的坚强。这感人的故事，是一个口耳相传的千年传说。　　　只靠着一把斧头，便能在大自然中生存，与严酷的环境抗衡。《手斧男孩》这本书的主角布莱恩也是一样，都是靠着能砍能劈的斧头。小小一把斧头，竟有使人活下来的魔力！

如果我是被遗弃的老人，我会有相同的勇气面对艰难吗？看完这本书，不禁扪心自问。**我想，有时苦难与障碍才会激起我们心底遗忘已久的生存本能！**

A宝

的确，如同B宝所想，在台湾几乎全都高度人工化的生活环境，平常已经很难看到真正的自然荒野，那么为什么要学习如何在野外生活？何况在台湾，若是在山里面随意砍树生火、捕猎野生动物，都是违法的呢！

爸爸从小是童子军，当时的训练非常重视“野外求生”的课程，后来我们成立了荒野保护协会，虽然没有用“野外求生”这几个字，但是我们希望大家能够认识大自然里的物种，它们的习性以及彼此之间的关系。这些知识与能力在平常除了可以保护自然之外，有必要时，我们也比较容易在自然中安全甚至舒适自在地生活着，与其他生物维持一个稳定平衡的关系。

《手斧男孩》这本书描述的就是大约如同你们一样的都市孩子，因为坠机，一个人在加拿大北方，也就是接近北极地区，完全没有人烟的森林里独自过了五十多天的故事。因为写得实在太精彩生动了，《读者文摘》还以为是真实发生的故事，想进一步报道与采访这个小男生呢！

也因为这本书太畅销了，作者后来又陆续写了四本这个小男生的冒险故事，也都非常吸引人，我们从书里面不只是可以具体地获得野外求生的知识与技能，还可以从小男孩独自在荒野里的生活，体会到人类与自然生命的关系及意义。

另外一本A宝看了好几次的《星星婆婆的雪鞋》，也是发生在同一个地区，是加拿大北方极地的原住民所流传的古老传说。两个被部落遗弃的老人家，如何在冰天雪地里活下来，后来甚至回过头来拯救了部落的感人故事。

在古代生活条件非常恶劣的环境里，许多部落都有遗弃没有生产力的老人家这样不得已的做法，有一部著名的日本电影《楢山节考》，讲的就是这样的习俗。

现代因为科技进步，大部分的人类社会几乎不再担心因为缺乏粮食而造成整个部落的灭绝，但是我们也因为人类科技能力太强，享受过度，而产生了另外的环境危机，这在你们之前看的《正负2度C》纪录片中也有讨论过。

不知道你们有没有注意到《手斧男孩》里那个独自掉落荒野的小男孩，手中唯一的求生工具就是一把小斧头，那是他刚参加童军所购买的装备。而那两位被遗弃在冰天雪地的老人家，让她们能够活下来的也是一把小孙子偷偷留给她们的短柄小斧头。

【浪漫生活清单】

- 书：《手斧男孩》《星星婆婆的雪鞋》
- 影片：《为爱活下去》《楢山节考》《正负2度C》《百战天龙》

斧头对于力气不够且没有尖锐爪子的人类而言，的确是面对大自然弱肉强食生存法则中最基本的工具，有了斧头这类基本工具再加上会使用火，是使人类迈向万物之灵很重要的文明进展呢！

爸爸在童军野外的训练中，手斧的确也是常被提到的重要工具，可惜只有在很早期还有机会用来砍柴劈柴，后来台湾的野外已经不能随意砍柴，露营生火都改用现成的木炭，斧头也就变成装饰品了。不过我们倒是常常会讨论到，万一出了意外，我们身上有没有随时准备好可以在野外求生的东西，记得不管怎么组合，一定会包括生火的材料（防水火柴或打火石）以及一块万用的塑料布（主要是御寒防湿）。

到了爸爸上高中和大学时，有一部美国影集《百战天龙》风靡全台湾，其中主角马盖先随身带着一把万用小刀，帮他渡过了所有的难关与险境，所以当时几乎每个人，至少爸爸认识的所有朋友，一定会随身携带万用小刀，现在家里有三四把不同品牌与形状的万用小刀，就是那时候买的。

不过就像在“手斧男孩系列”的最后一本，《猎杀布莱恩》里面所写的，现代人有了飞机、枪支、无线电，以及全球定位系统，这反而造成了他们一无所知，因为有了这些取巧的方法，他们错过了许多细微的事物。

而且，野外的生存之战，关键其实不是拥有多少工具或武器，如B宝所提到的《为爱活下去》那个真实故事所告诉我们的，求生的意志也许是更重要的因素，其中“爱”可以发挥强大的力量。在极度痛苦中，放弃是比较容易的选择，在作者面临的情境下，死亡是一种诱惑，继续挣扎奋斗反而是困难的，但是对于亲人的爱，让他克服一切，活了下来。

就像《星星婆婆的雪鞋》里所说的，人毕竟是群居性的动物，我们的身体需要食物，但是心灵却需要人群，我们的生命意义往往也要在与其他人的互动中找到。

你们上了中学后，功课忙碌许多，虽然不太能够像小学时可以参加连续很多天的野外活动，但是在每次段考结束或寒暑假，我们还是会去爬爬山、溯溯溪[1]，让身体保持着与自然接触的机会，不然也可以通过精彩的电影或小说来传承古老的历史与故事。就像作者所说的，故事是年长者送给年轻人的礼物，通过故事来倾听长者的智慧，当我们能够更了解过去，也才能够更了解现在的自己。

爸爸

① 溯溪是指峡谷溪流的下游向上游，克服地形上的各种障碍，穷水之源而登山之巅的一项探险运动。

A宝问：

爸爸，我们家爬山、溯溪为什么跟别人不太一样？感觉像是走到哪儿、玩到哪儿，没有特定目标。

爸爸答：

跟你们分享一句我很喜欢的李商隐的诗：“曾省惊眠闻雨过，不觉迷途为花开。”爸爸愈来愈觉得人生不该只为功名利禄奋斗，否则就会像做功课般的无趣与充满负担。我希望带给你们的是，感受生活周遭点点滴滴的美好，而人生是可以为了沿途的美景而稍稍耽误行程，甚至偶尔迷路的。这些情怀乍看似乎太浪漫也太不切实际，我却觉得，如此的浪漫是驱使人追求真善美的动力，在生活是如此，在工作上更是如此。

人生旅途中，其实处处繁花似锦，处处值得我们品尝赞叹，只要能用不同的角度与自在的心情去观察。

价值观

做自己人生的英雄

胜利是一时的，
成为有用的人更重要

TO B宝：

森林里的树枝都白了头，一个冰雪交加的寒冷清晨，一群十八岁的青年被命令潜入结冻的湖泊、游过冰湖才能吃早餐；在一个不寻常的夜晚，还没上过战场的他们，接获指令到树林里用枪追杀俄国逃兵。一次又一次的磨炼、一个接一个的考验，希望把他们淬炼成英雄。他们是一九四二年德国 NAPOLA①军校的学生。

“时代造就英雄，我们创造英雄。”校长意气风发地站在台上演说，电影《英雄教育》一开始便是震撼教育。我很难想象军校生活是什么样子。看了电影终于明白：是严酷的要求，是绝对的服从，即使受了极大的侮辱也要学习忍气吞声。《英雄教育》的震撼不断袭来。啊！原来所谓的英雄教育是要经过不断地训练、不停地磨炼而来的！

① NAPOLA，即 Politischen Erziehungsanstalt——一个专门为纳粹德国培养未来的精英人才的高级军事学校。

男主角菲德烈违背父亲意愿，毅然决然、义无反顾地进入NAPOLA军校，坚持着报效国家、迈向自己出人头地的道路。但，这是对的吗？拳击好手菲德烈不知道自己正走在通往邪恶的道路上。

随着一次次的锻炼，同时结识了与自己有着同样满腔热血的好友艾柏特，菲德烈开始思索这一切的意义，开始怀疑自己的梦想。

为什么拳击比赛一定要把对方打倒、打到直不起身才算赢？为什么要用枪杀死一个个无辜的人？为什么要蒙蔽自己的慈悲与良知，拿出最残暴的一面来对待别人呢？

面对战争，面对这一切，他们产生了许多不安。菲德烈厌倦了，看清了，不愿再为了追求当英雄而违背良心。当追寻的梦想幻灭，在大雪纷飞中，他褪下英挺的军服，穿上夏季入学的平民便装，头也不回地离开这禁锢慈悲、良知，如囹圄般的NAPOLA军校。

电影《英雄教育》带给我的感动除了菲德烈和艾柏特的友谊外，还有他们对自己梦想的努力与坚持，以及反省过错的果决态度！

A宝

TO A宝：

“打他！打倒他！”一群人激动地挥舞着双手，高声尖叫咆哮，黑压压的人群包围着窄小的拳击擂台。沉重的拳击手套在结实的肌肉上，寻找一块落脚的地方；疾速灵巧的闪躲，让场边围观的群众也大为叹服；飞拳在空中乱窜，直到砰的一声，一股坚硬的力量撞倒在擂台上，一切戛然而止。

十秒之后对手仍然爬不起来，菲德烈就要胜出，只要再朝那几近昏迷、五官无一不被鲜血浸染的敌人狠狠掷出一击，就能赢得胜利。但时间冻结，周遭震起的喧闹声却显得无比的寂静……

菲德烈年轻的眼眸里映出那夜：睡梦中突然接到紧急集合的命令，同学们被要求到学校旁的森林里追捕十二名逃脱的俄国士兵。漆黑的森林发出窸窸窣窣的声音，远处出现狂奔的人影。从菲德烈手上的长枪发出射击声，他谨慎地快步向前察看，提防老谋深算的俄国军人是假装受伤，却见横卧在雪地上的竟是充满稚气的少年士兵。除了懊悔，他无法改变什么，在德国 NAPOLA 军校严酷的教育训练下，只有服从……

眼看胜利在握，此刻拳击场上没有人能指挥菲德烈下一个动作。菲德烈紧握着拳头，却柔软地放下。德国，是严谨的民族；德军，是纪律与服从的最佳实践者；德国教育，是英雄的必修课程。高压，成效立竿见影；服从，行动果决迅速，德国人似乎认为如此就能诞生勇气。但他们好像忘了，人格是不容许践踏的。

《英雄教育》中的齐格飞因为尿床经常被羞辱，在一次投掷手榴弹的训练中，某位同学因为恐惧未能在四十秒内及时抛出手榴弹，正当引爆的弹药即将要伤到全体同学时，齐格飞毫不犹豫地扑卧在手榴弹上。为什么他要牺牲自己的生命，保全同学们的性命？因为他找到了解脱羞辱的方法。

对手吃力地用手撑着地，攀着擂台四周的绳索奋力地重新站起来，使劲地朝菲德烈挥了一记拳。砰！头颅硬生生地撞到地上，我想我一定会永远记得，倒在血泊中的菲德烈不再还手却露出了微笑。

B宝

看完电影你们不约而同地问我：“现代的军校还会这么不人道地实施高压管理吗？”“军校的学长学弟制还这么恐怖吗？”

我相信随着时代的进步，在人权的维护以及讯息流通的开放与迅速之下，现在的军校或军队应该会比较符合人性一点。不过，因为军队存在的目的就是为了作战，当战争发生时，战场上的指挥体制最重要的守则就是“绝对服从”，什么公平、合理、人权，基本上是不可能存在的，甚至这些太过“人道”的管理反而会减损部队的战斗力，因此在平常训练时，或许就必须用各种合理或不合理的方式让“绝对服从”变成军人的天性。

比如说，当部队要攻下敌军据守的制高点时，负责第一波攻击的先发队伍基本上是会阵亡的，或者部队要撤退时，留下一小队人“断后”，这一小队人恐怕也是会牺牲的，就像我们去金门玩，看到一个仿照长城古北口盖的八达岭关口的建筑，就是为了纪念当年“死守”关口的勇士。假设被指派到任务的部队还要跟长官据理力争“为什么派我？为什么不派别人？”那么这个“重公平”的部队恐怕就不用打仗了！

记得爸爸当兵时，长官不时耳提面命：“合理的要求是训练，不合理的要求是磨炼。”我相信目前的军校，对受训的具有军人身份的学生应该还是会有相当严格的要求的。

回到更切身的现实生活中，我倒是好奇你们对于目前正在阅读的《虎妈妈的战歌》有何感想？会不会庆幸妈妈不像虎妈那么严格？至少我们家凡事都是可以讨论的，虽然爸妈会“循循诱导”，但是我们还是相当尊重你们的主观意愿的。

从小学三年级起，每年寒暑假我们都会邀一些你们的朋友到家里住，你们也会到好朋友家里过夜，记得五年级开学前，结束暑假几次的“交换住宿”，我问你们对几个不同家庭的感想，你们说当高中老师的妈妈对孩子太严格了，另外那个当艺术家的爸爸对孩子又太放任了，似乎也不太好。

的确，父母对孩子的教养方式大致可以区分为四种模式，一种是开明权威，会要求孩子达到一定标准，但是彼此沟通良好而且孩子可以参与决策；另一种是宽松放任，不特别要求孩子，但是会以温暖的方式与孩子互动，让孩子自主决定；第三种是专制威权，有点像教练，或军中值班长，掌控一切，严格要求，孩子没有参与讨论的权利；第四种是忽视冷漠，对孩子的表现不管好坏都没有反应，对孩子也没有任何较高的期待或要求。

根据研究调查，孩子最满意的是开明权威，最不满意的是忽视冷漠，而且在开明权威的管理之下，孩子的学业成绩好，自尊心高，而且偏差行为也少。

我想，每个人虽然都有天生的好奇心与探索学习的本能，但是**在目前高度竞争的压力下，学习的过程难免会有挫折、有瓶颈，无法始终都那么轻松快乐，因此必须要建立成就动机与意志力，才能克服这些困难。**

你们看完《虎妈妈的战歌》后，我建议你们可以看严长寿先生最近出版的《教育应该不一样》，以及他写给即将毕业或初入社会的年轻人看的《做自己与别人生命中的天使》，还有他多年以前出的《总裁狮子心》和《御风而上》这两本书，可以给你们很多的提醒以及建立较为恰当的价值观。

爸爸对于《虎妈妈的战歌》比较有意见的地方是书中呈现的功利主义，以及单一的成就取向，虎妈教孩子“朋友不重要，团队不重要，只要闭门读书埋头苦练，拿到奖杯，获得优胜，那么你就可以领取一切你要的。”我觉得一个人的价值不是来自于赢过别人，一个人对社会的贡献也不是取决于当大官赚大钱。我觉得我们要成为一个好人，善良的人，关心自己也关心别人，读书求学的目的为的是增加自己的能力，然后可以帮助别人，做一个有用的人。

至于是不是想尽办法获得第一名，或者一定要赢过别人，这不该是人生追求的目标。

不知道你们对于虎妈妈或严长寿先生两者不同的人生态度，有什么想法？

爸爸

A宝问：

爸爸，你的人生态度是什么呢？

爸爸答：

我们家进门口的玄关那一大幅图片，拍摄的是家附近的山景，图旁边的题字是："三更有梦书当枕，千里怀人月在峰。"这两句话点出了"书、朋友、大自然"这三个元素，也是爸爸生命中最重要的三个重心。

"一生玩不够"是我的座右铭，不过，爸爸所说的"玩"，指的是人生应该做个大玩家，一般所谓的玩电动、玩股票、玩政治、玩名、玩利，我认为都是小玩，唯有玩山玩水，游于经史子集，感于泰山之矗立，叹于逝水之不舍，酣于大自然之奥秘，才是大玩家。

因为喜欢阅读，所以将自己的牙科诊所变成了可供小区民众借书的图书馆，因为喜欢朋友与大自然，所以号召朋友一起从事社会公益，并且在二十年前与朋友们成立了荒野保护协会，初期办公室还设在诊所里，在"荒野"担任了两任六年的秘书长，两任六年的理事长，卸任之后多了点时间，也出了些书，在报纸杂志上有些专栏。

虽然这一路走来，很多人会认为我很"怪"，不务正业，兴趣广泛，但是我却觉得我还是跟年轻时一样，只是个满怀好奇的学生。

真实与虚伪

楚门的世界，真与假的界线

隐私权＝尊重别人不想公开的权利

TO B宝：

很难想象每天二十四小时吃喝拉撒睡、一举一动都被别人以看戏的眼光观赏着；活在一个虚假的世界，太阳永远散发着灿烂的人造光芒，月亮透出冷冷的假月光；连家人、二十多年的老友都是在演戏；居住在快乐、安全但一成不变的小镇里；每天被五千个监视器尾随监控。《楚门的世界》里的情节看似讽刺、荒诞，但是仔细想想，不正反映出现代科技操控人类的生活、人与人间的虚假、喜欢八卦等的生活方式？

我从来没想过隐私权有多重要，公民课提到二十世纪才出现隐私权的法律概念“……个人生活不受他人干涉、个人私事的决定自由不被他人非法限制……”即使背完也无法体会隐私权的真正的内涵。直到看《楚门的世界》，楚门得奋力挣脱被操控、被局限的世界，我才深刻地体会到没有隐私权的可怕。

国际扶轮社编印《认识隐私》，提到不同国家、不同民族对隐私权的观点也不同。美国是一个极度尊重隐私权的地方，源自于英国殖民时期不人道的“执行令”，“执行令”可以让任何一位政府官员，随时进入居民家里搜索任何东西，从英国移民到美国的人认为，家是个人的堡垒，不容许随便入侵。所以，美国革命要废除“执行令”，捍卫隐私权。住在阿尔巴尼亚的吉普赛人，认定的隐私权就大不相同，他们相信：如果有人想独处，一定有问题。幸好在我们这里有相关的法律来保障我们的隐私权。

《楚门的世界》除了探讨隐私权外，最触动我的就是“真与假”。从出生就在“片场”里生活的楚门“Trueman”，看似有个正常、充满爱的生活，其实不然，因为他周围的人都是演员，都在虚情假意地演戏。难怪当楚门发现他的世界只是一场被操控的戏码后，即使知道在人工模拟的世界会比较安全，他还是毅然决然朝着真实世界的门走去。

人与人的真诚相待，是最难能可贵的，这真是一部异想天开，却又无比真实的电影！

A宝

TO A宝:

晴朗的天空一眨眼的工夫便布满了乌云，平静的海面翻起滔天巨浪，正自信满满地航向光明未来的楚门，还来不及收起笑靥，赶忙把自己捆在船上，与大海搏斗。不一会儿，大海也累了，疲惫的楚门重新燃起希望，坚定地继续向前航行。砰——轻盈的小艇撞上暗礁，不！是撞“墙”！楚门敲了几下，结实的撞击声毫不犹疑地证实——这竟是令我们惊奇的一道布景墙。

如果一个人生下来为的是做一个巨星，让大家观察他的“人生”，那不如做一个自在悠游的弃婴倒好过些。低垂的天幕发出了深沉的声音：“我是创造者，为你创造一个完美的世界。这里的一切除了你‘Trueman’以外都是虚假的，但外头的世界也未必比这里更真实，留下吧！”人生到底是真是假、是虚是实？《红楼梦》里说到“假作真时真亦假”。在桃源岛上，人人以可亲的笑容向楚门道早安，如果知道这是虚伪的面纱，那我宁愿摘除假面，但求真心的对待。希望我们人生的戏台上，不一定要演出高潮迭起的戏码，也不需要刻意上妆的情节，只要彼此能真诚相待。

七岁就认识的儿时玩伴、同住一个屋檐下的妻子和消失在海浪中的父亲……全部都是假的，也全部都是“共犯”。甚至包括电视机前，每天窥探楚门生活的观众，都已经遗忘了作为一个人应该拥有的基本权利——“隐私权”。如果有人盯着我们吃饭，浑身不对劲的感觉会油然而生，再美味的佳肴也无法专心享受；假如自己二十四小时的生活被众人当作茶余饭后的闲话，那滋味可想而知。我们的一举一动、一言一行都被监视着，那就无法畅然言语、随性做事了！

楚门步上离开片场的台阶，幽默地向荧光幕前的偷窥者深深一鞠躬。再见！打开通往真实世界的门，挥别三十年虚假的世界，踏入未知的时空，只知那儿能见到真实的微笑。

阝宝

电影《楚门的世界》好多年前就已经上映，一直到今天还常常被提起，这个片名也变成一个典故，一个专有名词，因为影片中所探讨的问题，到了现在还是一天比一天严重。

你们有没有注意到，电影原来的片名“Trueman Show”，意思是真人（或真实现场）演出的节目。剧情虽然是虚构的，但是之所以能够引起人们广泛的讨论，原因就是剧中描述的一切是有可能发生的，甚至在今天我们生活的世界已经处在这种虚实很难分辨的时代。

其中之一是，楚门身边的人都是装扮的，通过各种生活情境与场域，不断地在向观众推销各种商品，就像我们现在已经处在商品广告铺天盖地包围的时代，许多我们以为是新闻的报道，其实都是企业花钱的广告。

其次是楚门一天二十四小时，走到哪里都有摄影机拍摄，这也是今天我们社会的写照。七十多年前，有一本非常著名的政治寓言小说《1984》，这是英国作家奥威尔为讽刺极权国家所写的书，描述某个国家走到哪里都看到电视银幕以及摄影机，国家领导人“老大哥”的脸孔出现在所有地方指挥监督你的一举一动。

爸爸小时候看这本小说时，以为是本讽刺小说，依据真实世界里的科技、技术与人民意向，社会不太可能变成“老大哥到处盯着你”的情况。想不到过了二十多年，资本主义社会就进入了《1984》的世界，除了到处都有监视器之外，我们所有的行为都被记录着，使用任何卡片（信用卡、健保卡……）之后，所有的消费都会被永久记录且保留下来，只要带着手机，我们走过的任何路径，都可以被追索出来（不一定要通话）。

在数字时代里，科技已大大提高信息传播、计算、存储的能力，换句话说，全面监控几乎已经没有技术的障碍，同时因为不同类型的信息分析结果，这些数据，大到政府的决策，小到各部门各团体处理事务都具有愈来愈高的参考价值，因此也严重地影响到个人的隐私权。

现在你们常在“脸书”上留下讯息或相片，或者朋友在上面留下与你互动的记录，这所有的对话或数据，即便你后来删除了，也能够被有心人士查询到。换句话说，只要通过网络联机，你过往或现在的一言一行，一举一动，等于全摊在众人面前。所以一定要注意你所发表的任何讯息。因此我建议真的属于太个人的生活习惯或一时的喜怒哀乐，不要随便张贴在网络上，更不要发表对别人的批评或负面的意见，即便对朋友善意的建议，最好是当面讨论，不适合用文字表达。

隐私权的讨论，大概得先界定什么信息是我们可以透露出来的，在什么条件下该透露出来，哪些信息是可以严格由我们自己保有，别人无权干涉的。

有时候，即便是公开的信息，比如在公开场合被监视器拍到的画面，在街口被人用长镜头相机拍下，在用餐时被人用手机偷拍，或者原来分散各地的个人及活动数据，比如我们的健康检查，从小到大的学业成绩，购买过的东西、报税的资料、参加过的旅游、搭乘过的交通工具……这些分散的数据若是整合在一起，可以形成新的关系，这些新的关系通过整合分析，也许会揭露出我们不为人知且不愿为人知的一面，那么，这算不算隐私权？

到底什么是一般所谓的隐私权？

我想，一个人有躲在房间里不让人家看到他在做什么事情的权利，这就是隐私权，这也包括一个人可以不让人家知道他在想什么或自己的资料不希望被别人看到，因此偷看别人的信或者把别人不想让人家知道的事情公开，都算是触犯了别人的隐私权。

不过，在保障公共安全的考虑之下，对于隐私权也会作某些限制，比如搭飞机要检查所有私人物品就是这个原因。

有隐私权，我们就可以不受别人干扰，自由地思考、自由地行动，可以让我们的想法保密，有时候我们有了一些发明或创造还没准备好时并不想让别人知道。而且有了隐私权，我们也可以依照自己的方式和别人交往或选择宗教信仰。隐私权是保障每一个人是独立个体的基本前提，同时隐私权也会要求我们必须尊重他人。

不过，太强调隐私权当然也有一些缺点，比如说可能会让我们无法及时发现违法或违规的行为。对于个人来说，有时候和别人在一起可以刺激新的想法，学习不同的做事方法，过度强调隐私权或许会失去一些创新的机会，而且拥有太多的隐私也会带来寂寞的感觉，在学校或团体中，也会让别人讨厌，被别人排挤。

每个时代有每个时代面临的问题，是非对错，得经过漫长讨论形成社会共识后才会形诸法律，甚至所谓道德与伦理规范，其实也会随着时代而有不同的发展与面貌。只是现代科技进步得太快了，或许有许多属于伦理层次的讨论尚未来得及沉淀，但我们的社会却已被科技带着跑到很远的地方了！

民主社会里很多的权利与一些价值选择，彼此之间也许有冲突，在轻重缓急之下也必须要有取舍，没有放诸四海不变的标准答案，在不同的社会不同的情境之下，都会有不同的解决方案，因此我们要常常抱着开放的心胸去思考与讨论各种社会现象。

A宝问：

如果你是楚门，你会决定离开吗？

爸爸答：

我当然会选择离开，即便未来充满危险与不确定，但是总比生活在被设计的环境中好得太多了，你们觉得楚门像不像被豢养在笼子里衣食无虞的宠物？

人生的可贵就是我们可以在面对每个未知时作选择，我们选择要相信什么，不相信什么，选择如何看待这个世界，我们永远都有选择的机会。

我们的选择，决定了我们的命运，我们关注的东西，就是我们的未来。

这些属于我们的独特选择造就了我们独特的人生，也显现出我们生命的意义。

真实的与善意的谎言

选择沉默就能不说谎

TO B宝：

边吃三明治边阅读《发痒的天赋》，一小块马铃薯从嘴里笑喷了出来，把你的目光从书中引开，诧异地看着狂笑的我。这本书太精彩了！太引人入胜了！

《发痒的天赋》描述了一位拥有特异功能的少年托马斯，他有个神奇无比的乳头，这乳头能测谎。当周围的人说谎，他的乳头便会有一种如“扫把大力且快速扫过”的奇痒无比的感觉。作者以一个少年的角度，一个少年最敏感的部位来探讨小孩眼中的谎言。同样把说谎作为电影元素的《王牌大骗子》，以搞笑、夸张的手法，让我们一窥大人世界的说谎行为。

做人要诚实，不可以说谎。“说谎鼻子会变长哦！”从小，这个观念就深植在我们脑海里。被人蒙骗，是很不好受的。就像托马斯发狂地抓乳头，想把不好受的感觉挥出去；也像《王牌大骗子》里的小男孩，无奈伤心又难过。受骗的感觉不好受，说谎的也有罪恶感。

但随着年龄的增长，会慢慢发觉说谎也是很重要的。有时候一个谎言，既能鼓舞别人，又可以掩饰内心的悲伤，还能够化解尴尬，能处世圆融。

我欣赏《红楼梦》里大而化之的刘姥姥，她善解人意，待人周到，深得贾母的心。即便有时面对尴尬、被别人取笑捉弄，刘姥姥也能以善意的谎言维持气氛的融洽。记得《红楼梦》里描述了一段故事，刘姥姥观察到细心、善解人意的宝玉对女生有一种珍惜之情，便凭空捏造了一个雪白女子的传奇，宝玉及众姐妹还都信以为真呢！

刘姥姥是故意在说谎吗？《王牌大骗子》中担任律师的男主角，专门为客户做不正当的辩护，律师的动机与刘姥姥不同，虽然俩人说的都是虚假不存在的事，但是我觉得律师才算在说谎。**我所认定的说谎是：为了自己的利益，故意欺骗别人的行为。**

不要说谎！我也有乳头测谎器哦！

A宝

TO A宝：

谎言，人类最忠实的朋友，在我们有难时第一个跳出来的总是它。受了伤，不想让外婆担心，我们会说谎；朋友邀约，我们不想婉拒却挪不出时间，也会说谎。有谁能堂而皇之问心无愧地大声说出：“我从不说谎！”

在小婴儿呱呱坠地时，谎言早在一旁静待时机准备出击掳走婴儿的赤子之心；青年，交友广阔，谎言更成了宾客；中年，即便三顾茅庐也要调动此“军师”；暮景桑榆，谎言在夕阳的余晖下还不肯告别。你说，谎言是不是我们的朋友？

谎言，是人类最神机妙算的幕僚，少了它，寰宇间的运行轨道会失序。当我们跟着以脸部表情的丰富而闻名的金·凯瑞，体验《王牌大骗子》最诚实的一天，不得不相信人无法不说谎。这天在办公室，Liar Liar 对一位身材臃肿的同事说“胆固醇快把你害死了”；在会议厅中，Liar Liar 对长官脱口而出“你是固执己见、道貌岸然的顽固老头”。Liar Liar 身为律师，平时说谎是家常便饭，因为魔咒，在法庭上只能说真话，这“不能说谎”的一天让他鸡飞狗跳、升官无望，连工作都丢了，但也唤醒他重新体会诚实的真意。

谎言，是人类生活中必然的程序，人有可能避开这程序吗？到底是什么使我们依循着谎言的脚步？有人说，谎言是一劳永逸的方法，真的如此吗？小时候那些“真善美”的床边故事多少还有些印象吧！其中不乏是警戒“一个谎言要用千百个更大的谎言来掩盖”诸如此类，这在真实生活中具有一部分真实性。但如果我们诚实地把所见所闻一五一十说了出来，有时反而容易伤人，我认为此时沉默是上策。

当谎言是最真诚的虚假语言时，我不反对说谎，这里的意思是我们说的谎是发自内心真正想要它实现的。不会有所损失、不会刺伤他人。谎话存在的意义与价值可以是美好的，当它的真谛是从善出发。

阝宝

亲爱的AB宝：

《王牌大骗子》的主角金·凯瑞的肢体动作非常夸张，演技真的没话说，这部电影在令人捧腹大笑的剧情中点出一个概念：说实话真的比较好吗？这的确令人深思。同样的，《发痒的天赋》这本精彩的小说，也在探讨“人真的可以不说谎吗？”这个主题。

诚实，这是欧美国家不管学校或家庭教育中最重要也最根本的要求，因此说谎算是非常严重的过错。因为一个以信任为基础的社会，会假设人人都是诚实的，若有人不诚实，则会对整体社会结构产生很大影响。至于华人或东方世界则稍有不一样，比较以防弊为基础，所以内心倾向认为人性是软弱的，人心是自利的，也就是比较容易说谎的。

一个互信的社会，运作成本比较低，因为防弊的代价比较高，不过到底要采取诚实荣誉制或防弊审查制，在不同社会、不同事务中会有不同的考虑，也不能笼统地说到底哪一种比较好或比较差。

暂且不管法律或制度的设计，回到我们个人的日常生活来看，从小我们就不断被大家要求“做人要诚实”，不过我们却没有认真去面对一个事实，一个人在与他人应对过程中，要完全诚实其实是不可能的，甚至若真的完全做到的话，恐怕会像电影中的金·凯瑞一样，把所有同事、邻居或朋友都得罪光了，甚至工作也不保。

而且，每个大人总是不断告诫小孩子不可以说谎，但是我相信你们也一定能够察觉到，身边所有的大人总是不断地说着大大小小的谎言，那么到底我们是否任何时刻都必须诚实？或者哪些事必须诚实，哪些事无所谓，到底该用什么标准来判断呢？

我觉得A 宝的看法很好：“为了自己的利益，故意欺骗别人的

行为”是不可取的说谎。其实我觉得，凭着我们的聪明才智，不说谎是可以做得到的。

一般而言，在生活中我们会说“白色的谎言”，也就是无伤大雅的谎言，大概是由于我们不想得罪别人，或者想讨好别人，当然也可能希望帮助别人或者让事情进展得比较顺利等等原因。

我想，我们不必借由说谎来讨好别人，若怕得罪或伤害别人，我们可以选择不讲话或顾左右而言他，这样还是可以用不说谎的方式来应对。比如别人头发烫得很难看，还来问我们觉得好不好看，我们当然不必“诚实”地回答很难看，我们可以说“剪得很特别”。

我相信你们都不会欣赏一个自以为正直诚实，却到处取笑或伤害他人的人，我也相信你们能够诚实地对待朋友以及诚实地面对自己。

其实我觉得不自欺是更困难的事，因为人往往不愿面对自我，这也难怪苏格拉底认为“认识自己”是智慧的开端，也是希腊哲学的第一课，甚至是人生必须不断追寻的课题。

爸爸

倾听自己

不赶时尚 做自己

穿着 PRADA 的人生选择题

TO B宝:

彷徨，站在十字路口中央；迷惘，事业与爱情该向哪儿前行？什么选择才是最完美的决定？这该是许多追求鸢飞戾天者的困惑。电影《穿着 PRADA 的恶魔》的女主角，也站在分岔口犹豫着……

我们离为时尚而烦恼还有一段距离，但是“选择”这个难题却常紧跟着我们。公民课提到“机会成本”的概念，做任何决策都要考虑到放弃掉的成本，选择机会成本愈小，损失的也将愈少。但友情、亲情、事业可以用这个来衡量吗？随着事业蒸蒸日上，工作渐渐得心应手，女主角安德丽娅也愈来愈忙碌，很快变成了工作狂，生活失了序，像一边倒的天平，完全失去原本的平衡。面临个人的生活全被工作占满，她要如何抉择？换作是我，我会如何选择呢？

挑战未知的喜悦、探索原本不属于我的世界、化解迎面而来的任务，从接触、慢慢了解，到倾听自己的心声：这是不是因为我热爱、有兴趣，而所选择的梦？

很喜欢美国诗人 Robert Frost 的诗 *The road not taken*（《未曾选择的那条路》）：“深秋林内，两路分歧；两条路分岔在树下，而我选的那条路则少被走过；它使得一切因此而不同。”短短数句话，为选择的两难和结果下了美丽的定义。

选择，是个加油站，停下，想想，再出发。

最后，安德丽娅走在一条飘着花香的道路上，自信地朝着自己的理想迈进。而被封为女恶魔的超人上司米兰达，也同样漫步在属于自己的乐园。

这没有正确答案。若生命中充满太多轻易的进出，没有挣扎、没有经过艰难的抉择，就很难有深刻的体会，就不会知道实践梦想是何等可贵。一切太顺遂，就很难有倾听自己的时刻！

B，佩服你的选择，放弃了已经申请上的理想高中，去面对基测的试炼。四十天后，我们将再次面临抉择的分岔口，是紧张，是兴奋，更是期待。

A 宝

TO A 宝：

报纸散乱地摊在大桌子上，不经意地扫射，偶然瞥见“时尚”版面个个身材纤细、穿着绚丽的模特儿，尽力摆出不自然的动作，你是否跟我一样认为：追求时尚真的如此重要吗？

时尚的生活之于我好比另一个星球上的运行法则，一套套价值连城的服饰，一天天如流水般快速地更换，稍稍不注意，已经从二十一世纪返回中古世纪！我无法想象要如何在镁光灯的追寻下，依旧保持自在的笑容；我更不能容忍砸下大把光阴，去追求短暂的锋芒。跟随着《穿着PRADA的恶魔》，我加入了时尚的潮流，经历了和流行一起疯狂旋转的滋味。

电影中的主角安德丽娅是流行潮流里的独行侠，不崇尚名牌，却意外地获得了上万人梦寐以求的职位——时尚杂志总编的助理。穿着朴实的她，踏入科技又现代化的大楼，只想谋得一个职位，甚至对名牌和流行不屑一顾。身着一袭黑色名牌的礼服、涂抹殷红的口红、脚踩着三寸高的细跟鞋，安德里娅渐渐融入这个曾与自己格格不入的世界，最后她仍选择披着休闲夹克，轻松自在地迈开步伐，走向原本的自己。一场时尚飨宴的巡礼，让安德丽娅绕了一大圈，又重回原点。没有极端的对与错，但是找到自己最适合的样貌；没有绝对的好与坏，但是不要迷失真正的初衷。

片中杂志工作人员一再重复："时尚不是浮华表面的行为，而是更胜于艺术的！""这不只是一本时尚杂志，而是闪亮的希望高塔！"时尚——世界上千亿人民为之疯狂，不知刺激多少市场消费，促进多少产业的发达！如果"所有存在的事物，都有其存在的价值"，时尚产业最大的益处，或许是创造无数的就业机会吧！

时尚依然离我很遥远，有人选择追逐流行，我仍会穿上表姐的二手衣，与其在西门町的大街小巷间穿梭，我宁可窝在书堆里，沉浸在大银幕中，享受永恒的经典。

阝宝

虽然流行时尚、名牌精品，但这些充斥在媒体与入侵现代消费社会每个层面的广告，从来与我们家的生活完全不相干，你们从小就穿爸爸妈妈跟亲戚朋友要来的二手衣，即便现在已是亭亭玉立的美少女，但是九成以上的衣服还是接收大你们五六岁的两位双胞胎表姐的衣服。

但是因为我觉得流行时尚毕竟是社会现象的一环，所以还是建议你们看《穿着PRADA的恶魔》这部电影，希望你们知道这些名牌精品背后的故事与商业操作。

古希腊哲学家苏格拉底除了到市场找人辩论外，他也喜欢到处参观琳琅满目的商品，有人好奇难道苏格拉底也会被物质欲望所诱吗？他回答：“我观赏这些奢侈品，是知道即便我没有这些东西还是可以获得完全的喜悦与幸福啊！”

的确，我们可以像苏格拉底，即便不用这些名牌精品，不追求流行时尚，还是可以活得自在有尊严。不过，若是基于研究的立场，认识这些产品或许也是必要的，毕竟所谓流行时尚大概算是当代最顶尖最有创意的人设计出来的，从这些精品中多少也可以窥见那个时代的文化、品位或技术。

不过我们也看到有许多人沉溺在物质的享受里，重视名牌，耗尽心神在追赶时尚，我觉得他们丧失了让生命或精神更加丰富与开阔的机会，甚至有些年轻人，为了购买名牌商品去作奸犯科、出卖灵魂，那就更可惜了！

忘了哪位哲学家曾经这么说：“拥有很多东西，是富有的；但是若能不需要那些东西，这就是力量！”的确，爸爸认为所谓的穷人，不是

那些没钱的人，而是那些欲望很多的人啊！

当然，有钱并不是坏事，钱也不是罪恶，每个人都是通过工作来赚钱，所谓有用的人就是被社会需要的人，也就是能够通过工作来服务社会贡献自己的力量的人，因此努力工作赚钱自古以来就被当作美德，所以正当赚来的钱当然不是坏事。

而且从积极方面来说，有钱可以做自己想做的事，包括做好事。拥有适当的金钱，可以保持我们的自由，以及我们的尊严。

不过，我们却也不能太看重钱，否则就会像美国开国元老，也是哲学家、科学家的富兰克林所说的："以为钱就是一切的人，将会为钱做一切。"爸爸的确也看到有人为了贪钱而不顾尊严，甚至丧失了自由，也有太多人在赚钱的过程中，反而成了钱的奴隶。

这几个月陆陆续续一直有许多媒体想采访爸爸，想了解爸爸如何教你们理财，不过对于这些媒体的约访，我几乎都婉拒，因为他们大都只对该如何教孩子认识投资，买什么基金等操作工具有兴趣。

我却始终认为理财教育的核心应该是让你们知道世界上资源是有限的，人的欲望必须被节制，我们要学会的是珍惜与分享。

是的，钱的最大用途是分享与创造人类真正的幸福，英国哲学家培根说："金钱就像肥料，不撒播出去就不能算是好东西。"培根时代的肥料大都是动物的粪便，所以他的意思是撒出去分享是有用的，但留在手边会发臭。

他的提醒，被美国工业时代最有钱的钢铁大王卡耐基说得更是一针见血："一个人死的时候，还拥有钱，实在是死得极为可耻。"

其实这些道理或名言大家都听过，也能理解，但是很难做得到，因为"钱"本身具有一种魔力，你拥有愈多，就会想获得更多。哲学家叔本华比喻得很传神："财富如同海水，你喝得愈多，就愈感到口渴。"

往往有人会说："等我先赚到足够的钱，再来做好事。"

或是说："等我存够了钱，再来好好享受人生。"

其实会说这样话的人，永远不会有等到的一天，因为钱再怎么赚，都是赚不够的，那些说有钱再来做好事的人，往往在赚大钱的过程中，价值观就改变了。

我觉得一个真正富裕的人，应该是有时间去做他喜欢做的事的人吧！可是若依此标准，我反而看到那些忙着赚钱的大老板，根本没有办法做他想做的事，那么到底他是富裕还是贫穷？

若要我们减少对物质的依赖，心中必须要有梦想，或是精神层面的兴趣或追求吧！

这二十年来，常常有许多媒体采访爸爸，他们很好奇为什么我舍得将可以工作赚钱的时间用来从事社会公益活动。我通常会回答说，我在年轻时曾看过希腊哲学家柏拉图的一句话而改变了我的生活选择："当你的生活基本所需已经可以满足时，还继续工作，代表你丧失了生命中更重要的追求。"

爸爸希望你们能体会这句话，也能够很有自信地知道，生命的意义在于"你是什么"，而不是"你有什么"。

爸爸

气度

破解不可能的通天神探

真相是时间的女儿，比历史课本还精彩的推理小说

TO B宝：

酷！这个人真酷！凛然的人格、无私的胸襟、敏锐的观察、精辟的办案技巧。狄仁杰——这辅佐历代唯一一位女皇武则天的正义大臣。

电影《狄仁杰之通天帝国》里，狄仁杰像极了超级侦探，一切事物都逃不过他的法眼，并且他还有爱民、爱和平的宽阔胸襟。但是在真正的史书中，有这样的记载吗？大唐帝国，真的有这般传奇的人物吗？我在《黄金奇案》中找到了答案。

书上说："《宋史》里的包公只是个平淡无奇的官员，不像狄仁杰有'岁中断久狱万七千人，时称平恕'的威风事迹。"所以历史上确实记载着狄仁杰的判案事件。更特别的是，这是一套由荷兰人高罗佩所著的小说，作者曾任中国的外交大使，深深被狄公的耿直所吸引，他所著的《黄金奇案》重现了当年神探狄仁杰的风采，内容专描写狄仁杰担任县令时的判案过程。

古代办案，容易用屈打成招的方式，审判也很主观。但狄仁杰在办案时却讲究科学根据，真的很酷。通天神探狄仁杰一生不是一帆风顺的。正义的他，曾受诬下狱、遭人嫉妒，后来以血书上诉才获释。在大唐帝中学，他功不可没。没有残害到平民老百姓，以伤害力最小的方式避免武则天的武家侄辈继承大统，而让唐朝能延续不断。狄仁杰正气凛然、行侠仗义的风骨，着实令人敬佩。

什么是酷？在狄仁杰身上，可以找到答案。酷，不是骑车飙速、不是满口脏话，不是把头发染成七彩的颜色。酷，是理性的推理、是正义的气魄、是无私的胸襟。

A宝

TO A宝：

我们都知道家喻户晓铁面无私的包青天，没想到唐朝也有确确实实的超级判官——狄仁杰。

“英雄造时势，时势造英雄。”狄仁杰可说是生不逢时。传统中国男尊女卑，历史课本上曾轻描淡写“武则天篡位成立周，是中国唯一女皇”，简略叙述这个时代。实际上这段历史暗潮汹涌，官场上明争暗斗，人人自危。狄仁杰没办法像魏徵频频直言上谏，但正因如此，他极力辅佐武则天，让滥杀无辜之事只局限在朝堂上，百姓仍能安居乐业，狄仁杰的雄才大略和悲悯之心更显不凡。

武则天以母后的身份干政，怪力乱神又宠信武氏的亲属，中国古代皇位有传给子孙的“正统”概念。

狄仁杰原本领头反对武则天，后来却成了武后信赖的忠臣，令老臣和王爷们不谅解，狄仁杰成了许许多多有心之人亟欲除去的祸患。

爸爸说骆宾王写了一篇流传千古的文章《为徐敬业讨武瞾檄》，昭告世人讨伐武则天，武则天读了之后非但不生气反而大加赞赏，还埋怨没用到这样的人才。所以狄仁杰后来支持武则天，也是因为武则天的确能干，胸襟也宽阔。

狄仁杰能综观大局，以安定百姓为重，而不是一味反对由女子为王，这种理念好超脱。如果缺少了英明的狄仁杰，也许唐朝无法这么风光，又或许会掀起一场帝位争夺风暴，致使民不聊生。**狄仁杰能“遵从自己”，“走自己的路，就让人们去说吧”的气度真是宽广啊！**

通过之前十分卖座的电影《狄仁杰之通天帝国》，我们认识了这位“正直之士”，辽阔的中华文化便是由这样伟大的灵魂支撑才得以延续的。

原本不看好打打杀杀的武侠片，但是老爸推荐的几部历史剧，比历史课本精彩多了！

B宝

推荐你们看《狄仁杰之通天帝国》这部电影，其实心情有点七上八下，担心被你们俩批评怪力乱神，没有意义。幸好狄仁杰是你们在历史课本中读到的人物，再加上影片故事背景是唐朝武则天当女皇帝的那段时期。历史上非常特殊的插曲，使得这部电影不只是表面的热闹而已。

不知道是不是因为你们是女生的关系，你们从小就不爱看警匪枪战片或动作打斗片，连带着连侦探片或推理小说都很少看，其实是很可惜的。我非常喜欢看推理小说，诊所和家里所收藏的各国推理小说恐怕有四五百本吧！

我觉得看推理小说是一种“头脑体操”，是对逻辑理性思考的训练，写得好的，除了解谜的挑战之外，还可以看到人性的挣扎与试炼、风土民情、稗官野史，或者各种知识与文化内涵，等等，若认为推理小说只是打发时间的休闲读物，就太可惜了。

B宝已经看完的《黄金奇案》，非常特别，是由荷兰驻华外交官将清朝流行至今的章回小说《狄公案》改写成英文的系列小说，整套有十六册，据说与英国柯南·道尔所写的《福尔摩斯》齐名，至今仍畅销欧美呢！

我记得小学时代我就看过《狄公案》，狄仁杰除了是历史上杰出且有大贡献的宰相之外，他担任地方官员时，除了身兼起诉犯人的检查官与判案的法官之外，在我来看，更像是重视逻辑推理与科学办案的侦探呢！

从小说可以窥见历史，甚至还有一些尝试为正史翻案的杰出推理小说。英国的约瑟芬·铁伊所写的《时间的女儿》，除了是世界推理小说一百多年历史里，各种票选中永远的第一名之外，大概还是空前也可能是绝后的奇书，它以非常有说服力的证据与推理，挑战了英王查理三世四百年来在英国历史上永恒的邪恶象征的定论！看了这本书再参照你们往后会读的英国历史，相信会对“历史”有更深刻的感触。

至于作者之所以取名为“时间的女儿”，来自于英国古老的谚语：真相是时间的女儿。意思是时间终究会把真相给“生”出来，大概有点像是我们的俚语所说的“善有善报，恶有恶报，不是不报，时间未到”。

不过书名其实是反讽，就像作家唐诺在这本书的导读中所说：“时间，其实是个麻烦的母亲，她会不孕，也会难产，当她生产时，所生的并不只有一个叫真相的独生千金而已，她还生出更多各式各样奇奇怪怪的女儿来。”也因此，在阅读中我们体会到，**时间不会自动生出真相来，她只提供机会，让人不绝望而已，我们得努力帮忙催生。**

【浪漫生活清单】

- 书：《狄公案》《福尔摩斯》《时间的女儿》《昆虫侦探》《生态小侦探》《纳米猎杀》《危机当前》
- 文章：《为徐敬业讨武曌檄》
- 影片：《狄仁杰之通天帝国》

不过如果你们目前还是不想看推理小说通常会有的死亡与沉重的话，我推荐你们可以看非常好看、有趣又，含有相当多自然知识的推理小说《昆虫侦探》与“生态小侦探系列”。

《昆虫侦探》是将昆虫拟人化的侦探短篇故事，有犯虫、被害虫、目击虫、嫌疑虫、证虫……书中融合迷人的推理写作技巧与巧妙的昆虫知识，不仅可以在阅读中轻松了解许多昆虫知识，环环相扣的解谜过程更是引人入胜。侦探是熊蜂，助手是蟑螂，警察是蚂蚁，犯人或嫌疑人是各种昆虫，我们所不熟悉的昆虫世界，就随着一篇一篇故事呈现在我们眼前。

“生态小侦探系列”目前出了三册，分别是《知更鸟事件簿》《鳄鱼事件簿》与《鳟鱼事件簿》，作者是美国著名作家，得过许多童书著作的奖项。他的父亲是昆虫学家，两个兄弟是生态学家，因为家学渊源，这三本书除了写得精彩生动外，又传递了生态的概念。国内的翻译版本是中英对照的，正面翻是中文，背面翻是英文本，或许你们可以先从英文本开始看，相信这几本一定会吸引你们不断读下去的小说，这也可以增进你们的英文阅读能力！

其实对于阅读种类的选择，我希望你们能够更宽阔一些，不要主观认定什么是有价值、没价值，然后对于自己不熟悉的类型小说有排斥感。

除了爸爸很喜欢的推理小说之外，还有比如科幻小说、冒险小说，甚至武侠小说也都可以找一些来看，其实有许多奇幻小说充满了想象力，尤其是科幻小说更是来自于对知识的渴望、对理解的想望，还有运用心智改善世界的努力。其实爸爸总是觉得科幻小说并不是在预测未来，而是在防范现在，家里有毕业自哈佛医学院医学系的迈克尔·克莱顿（不过他从来没有当过一天医生）所写的《纳米猎杀》与《危机当前》，都非常精彩，放暑假比较有空时，你们可以好好看一下这一类的科幻小说。

生命志业

动机不同，态度与品格也不相同

“愿意聆听的心”与“微笑”是最好的灵药！

TO B宝：

斗大的粗体标题，不可思议的内容，连续几天报纸都大幅报道着医师A健保的新闻。读着报纸，觉得不可置信。连连的叹息声传来，原来是边看报边摇头感叹的外婆。

外婆想起了往事，回忆似打开的水龙头，哗啦啦地倾泻而出，外婆谈起了她的医生父亲。不论是白天或深夜，都有痛苦的病患、心急如焚的家属等着曾外祖父医治。不论是富有的、贫穷的，曾外祖父都一视同仁。曾外祖父的诊疗桌上，始终堆着一叠收不到费用的单据，而且愈堆愈高。

外婆说当时的民众，没有太多医学常识，总是拖到病得不轻才找医生。病人和家属抱持着尊重、感激的心面对医生。医生自然而然有“我要全力以赴、用尽全力”的热情来医治每个病患。

半夜潜入病房里带给奄奄一息的病人欢笑，与僵化的医疗体制对抗，成立一所为穷人免费医疗、医师与病人是朋友关系的梦想医院……这是由我们最喜爱的演员罗宾•威廉姆斯主演的电影《心灵点滴》里的情节，同时也是个撼动人心的真实故事。怀着满腔热血、想为世界做点什么的医师亚当，发现帮助别人与救人能带给他最充实的快乐。不把病人视为病人的亚当，把每位需要医疗的人都当作朋友，从倾听到获得信任。

他不觉得医师是高高在上的，他认为每个人都是医师，只要能帮助别人，就是医师。创立一间位于山谷中、小溪旁温馨而特别的医院。不收高额的医疗费用，医病关系如挚友般，让每位看病的人都有宾至如归、温暖的感觉。经由看电影、阅读报纸，让我更加感受到：做一件事情、做一份工作保持着一股傻劲儿，执着的热情是多么重要。当我们用热情的心，用尽全力做好一件事，别人也必会给我们一抹大大的微笑和一个深深的肯定吧！

A宝

TO A宝：

何谓医师？是挂着听诊器，穿着白色长袍，象征高级知识分子的一种虚假头衔？还是真正能倾听病患、替人解除痛苦的朋友？近年来，由于都市化及全球化的影响，传统价值观式微，不如以往淳朴，人们甚至医师们自己也渐渐忘掉“何谓医师”，不得不将医师的本质、品德重新定义一番。

看着报纸，看着那加粗的黑色大字，看着令人战栗的新闻，外婆深深地叹了一口气。她的思绪飘回了童年，还记得她平缓地说道：“许多次，半夜睡得正熟，有人急急忙忙地敲着大门，大喊‘医生——医生——’我父亲只好骑着脚踏车，夜行十几公里替人治病。以前的医生没有假日，却都热心和善尽量帮助别人。”我很好奇：“为什么只隔了两代，大约六十年的时间，医德差距那么大？是不是与病人有关？魔鬼病人造就坏心肠医生。”“也有可能，”外婆说，“以前人们都很尊敬医生，也完全相信医生的专业，并不会因为医治不好病患，就要告上法院。”这是恶性循环，我们除了批评那些医师，也要提醒自己“生死有命”，医疗的目的，并不是避免死亡。

何谓医疗？不只是延长生命，更应该是减少痛苦、增加生活质量。《心灵点滴》中的主角亚当超越限制，带给那些死气沉沉躺在病床上的癌症儿童多一点欢笑，也打开了性格古怪又寂寞的老人的心灵枷锁。用的不是任何一种神奇药丸，而是人人都有，却需要去挖掘的一颗“愿意聆听的心”，还有每个人一生下来就拥有的一种本能“微笑”！

如果人生可以选择，你会想当一个什么事都不能做，但是可以活好久好久的植物人，还是只剩一个月的生命，却积极愉悦地珍惜度过每一天？我想大家都会选后者吧！

B宝

我们看过不少有关医生的电影或影集，除了这几天看的《心灵点滴》之外，前年我们看了美国影集《急诊室的春天》，还有去年及今年

的日剧《救命病栋24小时》以及《Code Blue救护直升机医生》，谈的也都是急诊室的医生。

这几部影片或日剧会以急诊室为背景，我想主要也是因为在急诊室里人命关天，再加上各种病况、各种意外都有，比较具有戏剧张力，也比较容易彰显生命的困境以及人性的光辉，而且在高度紧张与压力之下，医生与医生、医生与病人彼此的关系与互动，更能引人深思。

剧中主角大部分都是好医生，但是我们也看到医生也一样是凡人，会有情绪，会恐惧害怕，可能会自私自利或贪婪无厌，当然也可能燃烧自己、为了帮助别人而牺牲奉献，就跟从事任何职业的人一样，什么性格的人都会有。

不过，医生跟其他任何行业的人有个最大的不同，那就是医生面对的是一个活生生的生命，甚至可以说往往是在一个人最无助、最脆弱时候的依靠者与指导者，医生的任何决定都有可能决定一个人的生命或一辈子的健康与福祉，影响一个人往后的生活质量，也就是因为这样的特殊地位，让医生获得了社会大众普遍的尊敬，因此，用较高的道德标准来要求医生，也是理所当然的。

所以最近社会新闻中出现医生为了贪财而帮病人动了不必要的手术，当然会引起大家的惊讶与关注了！

爸爸也是医生，对于这样的新闻，感触与情绪是非常复杂的。B宝说得好，因为整个社会的变迁，传统价值观式微，所以不如以往民风淳朴，民众甚至医生们自己也渐渐忘掉“何谓医师”。**的确，到底一个人为什么要当医生？因为可以帮助别人？可以拯救生命？还是职业安定、容易赚钱？**

不同的动机，呈现出来的态度与品格当然也就不一样。记得高三时，班上的导师曾经很严厉地骂了全班同学，好像那是在班级整洁或什么评比之后吧，老师看到整天K书，丝毫不理班上公共事务的同学们，不禁感慨："你们这些自私自利的人，以后怎么可能会是个好医生！"

至今我还清楚记得老师当时既难过又似乎有点懊恼、害怕的神情。倘若能考上医学院的学生，从小就被大人灌输："你只要好好读书，不要管其他事情。"倘若每个亲朋长辈不断地提醒："当医生容易赚钱。"会不会最后那些进医学院的学生都成了只关心自己，只想赚钱的人呢？

【浪漫生活清单】

- 书：《守护4141个心跳》《小孤岛大医生》
- 影片：《心灵点滴》《急诊室的春天》
- 日剧：《救命病栋24小时》《Code Blue 救护直升机医生》
- 新闻：医师A健保

除了医生个人的人格特质问题之外，社会风气以及医疗体制也会影响到医生的行为表现。外婆说得有道理，当社会风气变成病人对医生抱着怀疑的态度，而且医生随时有被控告的可能时，医生也只好必须时时保护自己，心力花在符合各种法律规定上，不敢为了病人而冒一些风险。

虽然医疗行为有很多"不确定的风险"，但是当医生或病人彼此缺乏互信基础时，医生为了自我保护，最终受害的还是病人。

这种谨慎只求自保的医生其实还情有可原，最令人痛心的是那些满脑子只想赚钱，把每个上门的病人都当作可以捞一笔钱的客户那一类的医生了。麻烦的是，医生与病人两者之间的信息不对等，绝大多数时候病人搞不清楚医生建议的治疗有没有必要，有没有其他的选择。这些不同的建议有许多模糊与不确定的空间，一般人很难判断。

当然，像《心灵点滴》电影主角那样热情的医生也是有的，但是我想，像你们曾外祖父那样的医生恐怕愈来愈少了，甚至在现在医疗体制之下，很多医生即便心有余也是力所不能了。

目前大概只有在偏远的山区里，还能容许一个愿意出诊到病人家的医生存在，不过这样的医生也得怀抱着传教士牺牲奉献的精神才能够支持下去吧！

再就升学机制来说，台湾这几十年来，医学院总是非常难考，考试录取分数一直是所有科系里最高的。换句话说，在台湾只有最会考试的极少数人有机会当医生，而不是想救人想帮助别人的人能够当医生，当然更不会是以品格高尚、热心公益作为录取的标准，所以我们当然无法期望每个医生都会是视病犹亲的良医；再加上现代科技进步，医生看诊必须依据各种检验报告来判断，只看到数字，只看到疾病，看不到病人，也慢慢忘掉了把病人当作一个活生生的人来看待，这也是我相当担心的，整个医疗现况也似乎愈来愈朝向这种趋势在发展。

最近许多医学院的教授也察觉到这个问题，这也是他们希望在医学院的课程内多加一些人文省思以及社会关怀的主要原因吧！

你们若有机会可以考得上医学院，会想要从事医疗工作吗？医生不只是一个职业，医生是一个关乎生命的志业，我觉得有这样的认知是当医生最基本的条件。

爸爸

斗士

失败也是生命的礼物

"他们"用不完美的身体
证明拥抱生命的态度!

TO A宝:

这真是一堂令我永生难忘的辅导课，老师播放力克·胡哲的演讲影片，台下不久就传来小小的啜泣声，我们的价值观彻彻底底地经历了一场洗礼!

力克那没有"配件"的身体令我惊讶，但他脸上的超大微笑和他展现的生命态度才真正令人惊叹！其实，力克只是一位平凡的人，十岁时他陷入绝望曾试图自杀，但当他想到"家人看到我的遗体时，会多么懊悔与自责"时，一股"爱"的暖流支撑着他继续活着。

世俗都会同情天生身体残障者，好像认为他们是上帝造人未完成的作品，而上帝遗忘了他们。但力克用行动证明了他是"上帝派来的天使"，要向人们散播福音"人生不设限"。力克也像一位睿智的人生导师，我喜爱他为失败下的定义："失败也是生命礼物的一部分，所以要把它们利用到极致。"我将带着这高妙的思维，迎向挫折。我也极爱力克充满自信的论点："爱上不完美的自己！"这对"叛逆"的青少年来说应该很困难吧！但我深信唯有先爱自己，才懂得如何爱别人，并喜悦地拥抱生命。

除了力克的笑容让人震撼，*Team Hoyt*（贺特父子档）奔驰的身影也令我动容。这位上了年纪却全身充满肌肉的父亲迪克，推着四肢麻痹的儿子瑞克征服了一场又一场的马拉松。因为爱，迪克有勇气一路跑下去；因为爱，支持着他不畏许多不理解他们的人的批评；因为爱，他向世间宣示"没有完成不了的事"。

力克、迪克与瑞克是永不言败的勇者。他们拥有杏林子不被身体障碍所阻的开阔的生命态度；也像海伦·凯勒般，用行动激励无数生命。**没有不可能，只有"Yes, you can"！**

R宝

TO R宝：

这一节的辅导课，我也难以忘怀。这一节的辅导课，我的感动点滴在心头。

一位身穿衬衫、挂着一抹微笑的男子，端坐在桌上，散发着自信、活力。镜头一拉近，不对啊！这位男子好像是"站"在桌子上的。老师为狐疑的我们解释，他罹患海豹肢症，天生没手没脚。他是力克·胡哲——一位生命斗士，一位精彩活出自己的勇者。

没有四肢的力克，在台上竟可以用幽默、潇洒的态度面对自己严重的缺陷，而拥有完整"配件"的我们，却常在镜前为刚冒出来的"违章建筑"——青春痘自怜自艾、苦恼不已。或是历经一点挫折就怨天尤人、逃避面对问题。力克充满生命力的演讲，让我们感受到巨大的能量。

“站起来和倒在地上，哪个感觉比较好？你天生不是在地上打滚的，你要起身，一次又一次，直到全然释放你的潜力。”横倒在讲台上的力克，一边大声呼喊，一边努力爬起。一次不成，试第二次也不成……但是他始终不肯放弃，不屈服身体的障碍努力地站起来。当他成功站起的那一刻，真美，同学们的眼泪都夺眶而出。我的泪水正要滑落，力克又做出要从讲桌上摔下的惊人模样，泪水马上被吓住，觉得这个玩笑真的很恐怖。力克就是如此幽默，如此发人深省。

“永远不要放弃”这句话不知听了多少遍，但是看到Nick坚定的实践，像是强心针注入心田。力克走出黑暗、痛苦的深渊，历经自我封闭、丧志的他，游出这一片汪洋苦海，开始向充满惊奇、无限的彼岸冒险、探索，向世界证明“我只是少了几个零件罢了”！

不甘心的力量，如魔法般强大又惊人。同样是凭借着不甘心的力量，贺特双人组向“不可能”说“可能”。这是最美的奉献，是生命里最深的亲情，是一种向“不可能”下战帖的故事。“我们原本只是一个四肢痉挛型脑性麻痹的儿子和一个身材走样的父亲，却凭着努力而成为跑者、马拉松选手、三项运动选手乃至铁人。我和儿子共同达到的目标，远远超出任何人想象。”书中，我最喜欢这段话，喜欢他们不畏惧地超越自我的精神。

A宝

爸爸小时候曾经看过一本非常感人的自传《汪洋中的一条船》，作者是云林湖口乡出生的郑丰喜先生，他双脚天生残障，和力克一样。郑丰喜家很贫穷，没有能力装置复健器材，所以他从小就以手代脚在地上爬行，在非常困苦的环境下努力求学。

后来他获选为台湾“十大杰出青年”，把求学经历写成书，感动了无数的人，他的故事也被改编成电影，还获得金马奖，他的事迹激励了当年许多同样在穷困生活中努力向上的学生。

不管是郑丰喜的《汪洋中的一条船》，还是力克·胡哲的《人生不设限》，或是脑性麻痹的瑞克和他父亲参加一千场以上的马拉松路跑的故事，以及一出生就没手没脚的乙武洋匡所写的《五体不满足完全版》，这些书不只是让我们看到他们永不放弃的坚持，最令人感动的是他们的乐观与幽默。

记得有一句励志格言这么说，“当你为了没有钱买鞋子而悲叹时，一回头却看到有人连脚都没有。”

的确，我们常常为自己没有的东西或为失去的事物而难过，却忘了珍惜自己已经拥有的事物。阿拉伯有一句相当好玩的谚语就是如此提醒我们：“使一个人快乐的方法就是先让他遗失他的骆驼，然后再让他找到那只骆驼。”

不过我们在这里讲的其实都只是“道理”，很容易理解，但却不容易深刻体会，甚至很难变成我们日常生活的态度或价值观，这就是所谓知识上的认知与生命的顿悟两者的不同。

记得我在读医学院四年级上学期期末考时，考《病理学》前夕曾经有过一次顿悟的体验。

因为大四那一年我实在太忙，除了当班代表，又当学生活动中心副总干事，又在筹组学校的童军团罗浮群，而且还在系学会帮忙，又参与学校山地医疗服务队以及系上第一次筹组的口腔医疗服务队，忙得焦头烂额，所以考前几乎都是熬夜，不眠不休苦读冲刺。

那年期末考刚好寒流来袭，好冷好冷，我读到凌晨四点多，正是一天最冷的时刻，病理学考试每次大约要背五六百种病，每种病要记英文或拉丁文病名、症状、好发率以及致病机转等等五六个项目。眼见天亮就要考试，全宿舍的人都睡觉了，而我还没有背完，当我口中念念有词，千钧一发的紧张时刻，我忽然顿悟了！我想到厚厚一巨册的《病理学》，里面有成千上万种病，每种病都有百分之几、千分之几的人会得到，而我居然什么病都没有罹患，可以健健康康、意识清楚地在这里读书，可以蹦蹦跳跳，可以做点事，可以帮助别人，这是多么难得的福分啊！

其实除了身心健康是难得的福分之外，每天我们可以平平安安地回到家，也都得感激数不清的人的帮忙，因为意外是随时随地都有可能发生的，不是我们犯错才会带来不幸，很多时候我们什么事都没做也会遭殃，因此要感谢每个似乎平淡的日子。

当时的“顿悟”，跟我们通过“认知”了解所谓要“珍惜感谢我们拥有的健康”是完全不同的，从此我每天都过得很快乐，即便碰到什么倒霉或不顺遂的事情也不会抱怨！

当然，生命中的顿悟是可遇不可求的，但是当我们真心被一个故事所感动时，也有可能会改变我们的价值观与生活习惯。不过，人也是善忘的，许多感动会随着忙碌的生活而消逝，所以有些书要摆在书架上常常看，有些格言要摆在案头上时时提醒自己，我们所说的“座右铭”就是这个意思，日常生活中当我们被情绪左右时，座右铭就是协助我们超越的力量。

大四那一次顿悟之后，我就把张晓风教授写的一段文字抄在我的课本扉页，在此转送给你们，希望你们也能将这些话时时刻刻记在心里：“要学会为阳光感谢，因为阴晦并非不可能；学会为平静而索然无味的日子感谢，因为风暴并非不可能；学会为粗茶淡饭感谢，因为饥饿并非不可能；甚至学会为了一张狰狞的面目感谢，因为有一天，我们中间不知谁便要失去这十分脆弱的肉体。”

爸爸

B宝问：

可不可以创造契机，使人“顿悟”？

爸爸答：

要获得“顿悟”并不容易，只有在我们被感动，或我们生命情境与某个遭遇有所呼应的状况下，这些故事或情境才可能带给我们顿悟，这也就是有句话说“当学生准备好了，老师就出现”的意思。

至于什么时刻是“准备好的状态”？

当一个人处在困惑、彷徨或好奇的状态之中时，就是准备好的时候。这也是一个人要多去真实的世界历练的原因。当我们到陌生的地方时，会好奇；当我们很努力却不断地遭遇挫折时，会困惑；或者我们被朋友伤害时，会难过、彷徨……也就是说当我们有烦恼、有需求时，出现在眼前的一句话、一个概念，或者一花一草、一阵风一阵雨，都可能带来生命的启示。

因此，多去冒险，多去历练，这不但会丰富我们的生活，也会在一次一次的“顿悟”中提升我们生命的境界。

正面看待

他不是没教养，只是大脑生病了！

当特殊孩子被贴上“坏孩子”标签

TO B宝：

趁着难得的寒假悠闲时光，看了些书、电影及日剧。日剧《Mr. Brain 脑科学先生》里提到：“当人在说谎时，眼神会往周围乱飘。”日常生活中，我们偶尔会看见这样的行为。但是有一种人，天生不会看着别人的眼睛，说话无法直视对方，导致被认定为说谎、做坏事。“他们”是亚斯伯格症患者。

《看着我的眼睛》的作者约翰·艾德尔·罗宾逊罹患亚斯伯格症，借由这本书叙述他的人生，幽默的文字里，却镶着一丝丝心酸。“我每天祷告，祈求上苍给我一天所需要的爱心及耐力，来面对我的孩子，我所求的不多，只要一天够用就好。”爸爸年轻时参加童军团认识的朋友，也是多动症协会的创办人，曾经这么跟爸爸说：这些小孩，常常被大家认为是“没教养的孩子”。妈妈的朋友有一个同样患有亚斯伯格症的孩子，就常常被不知情的老师、家长认为没教养。在《看着我的眼睛》这本书里，深刻地描写作者在成长时受到的冷言冷语及误解。看了之后，不禁反省自己是否曾在无知的状况下，对人产生偏见。

生活周遭常常听到多动症、自闭症这些名词，而亚斯伯格症，却鲜为人知。阅读完这本书，才了解原来亚斯伯格症患者不会直视别人的眼睛，是因为他们不能同时做两件事。异于常人的专注力，也使他们在专业技术上常表现出惊人的成就。

这本震撼人心的书，约翰·艾德尔·罗宾逊不放弃的精神、极度专心的亚斯伯格症特质，让我一页接一页不能停下地阅读，在阅读中想到了我们生活的惯性，课本中“对人要包容、要接纳……”这些听腻的道理似乎也鲜活了起来。

A宝

TO A宝：

你听了妈妈说的真实故事，会和我一样感到难过吗？“这个小男孩因为行为怪异，难与人相处，被老师认定为‘被父母宠坏的孩子’。例如每一次进教室前他都会不停地敲门，直到有人响应才进教室，老师不耐烦地对他说：‘不要敲门进教室！’小男孩无法理解老师的意思，就从窗户爬进教室。”这种因为不了解而对人贴标签式的认定与对待常常发生，即便在医学知识普及的今天。

他们是“亚斯伯格人”，经常被误认为患有自闭症或傲慢自大。因为大多数人对这个疾病很陌生，许多亚斯伯格人小时候都饱受歧视、嘲笑，甚至问自己“我到底怎么了”，直到长大、中年后才真正了解自己，从自我谴责中得到解救。亚斯伯格人常会有异常的超能力，或者优异得根本“不像人”。

约翰·艾德尔·罗宾逊写的《看着我的眼睛》，里面叙述自己无法同时做两件事，不能边讲话边看着别人的眼睛，曾被老师咆哮：“长大会变成变态杀人犯、反社会的动乱分子！”他说：“我直到青少年时期才知道为什么别人认为我不敢看对方的眼睛，不是心里有鬼就是想逃避什么！”也因为约翰有惊人的专注力，高中辍学后，曾为知名摇滚乐团设计特效吉他。直到四十岁一位心理治疗师才将他从失败的小孩变成有自信的赢家。这本书算是约翰的自传，也给患有相似疾病的朋友一个温暖的鼓励，借由自己的遭遇陪伴亚斯伯格人。

丹尼尔·塔米特也是个“奇人”。《星期三是蓝色的》像是一本手册，记录着丹尼尔探索世界、发现自己的历程。他想交朋友、智力正常、能滔滔不绝地发表演说，但与外界格格不入。听不懂“弦外之音”或不懂得如何表达肢体语言、表情，是他亟须克服的。他的语言与数字天分使他小时候过得平静、有安全感。在爸妈的支持下，他能独立旅行、自力更生。

约翰与丹尼尔印证了“老天为我们关上一扇窗，必会为我们开一扇门”，而我们也须真实地对待他们。

B宝

假如一个人外观上就很明显有肢体上的障碍，我们通常会很有同情心地去协助他，可是如果看到一个活蹦乱跳、身体健康的人，不断地打

扰我们，或者你和善地跟他交谈，但是他却不理不睬，我们很容易就会认为这个人没礼貌或品行很差，马上就敬而远之。

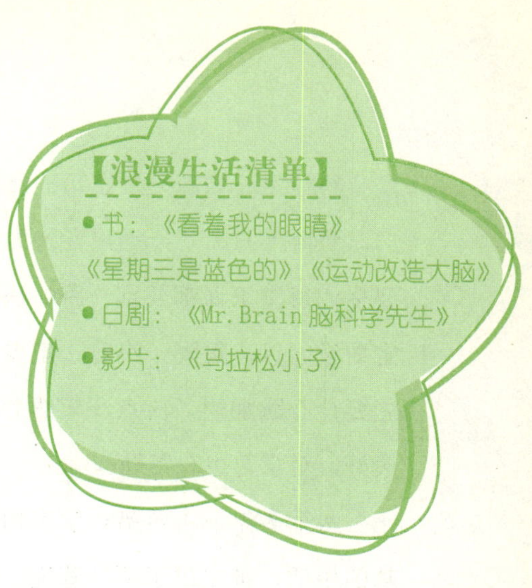

其实不只是你们，连许多大人，甚至老师们，对于这种外表没有缺陷，甚至看起来聪明伶俐的孩子，在与人互动或团体生活当中格格不入时，总会被人以为“没有家教”“调皮捣蛋爱惹麻烦”，甚至是“反社会人格”，常常他们的父母亲也会怀疑自己是不是比较不会带孩子。

幸好在医学愈来愈发达的今天，尤其脑神经科学的进步，我们也已经愈来愈能辨识与分类各种心理上的特殊症状，例如情绪、学习等各种障碍，以及妥瑞症、亚斯伯格症等，除了找到这些症状的可能成因，也发展出各种治疗方法。

罹患这种大脑疾病的人或许比我们想象得多，爸爸的好朋友里就有好几位的孩子有亚斯伯格症，也有多动症，他们的成长过程非常的辛苦，相信你们从《看着我的眼睛》和《星期三是蓝色的》这些书里可以约略体会到吧？

很久以前我们看过一部韩国的电影《马拉松小子》，不知道你们还记不记得剧中那个罹患自闭症的孩子非常特殊的习惯。

不过我们的大脑真的很神奇，最近我们看的日剧，由木村拓哉演的《Mr. Brain 脑科学先生》中，也可以知道我们大脑的奥秘，人有意志可以自由选择，但是在每个行为背后，大脑里无数神经的运作也遵循着一定的规律，若是能够了解的话，对我们的学习也是很有帮助的。

比如说最近爸爸看了一本书《运动改造大脑》，里面就举了很多科学研究与实验，证明运动可以促进大脑里三种荷尔蒙的分泌，多巴胺可以改善情绪，增加幸福感与提升注意力；另外，血清素可以帮助记忆能力，而肾上腺素对于增加专注力有很大的效果，这也是为什么爸爸妈妈要你们每堂下课都要跑一跑、跳一跳，放学后或星期假日在家里读书一定要设闹钟，每隔一小时一定要休息去运动，不管是跳绳或练扯铃，总之要让心跳加快，流点汗，然后再继续读书，因为运动不只对身体的健康好，对学习也有帮助。

两千多年前古希腊哲学家柏拉图曾经这么说：“为了让人类拥有成功的生活，神提供了两种管道：教育与运动。它们不仅是分离的（一个为了心灵，一个为了肉体），也是并行的。通过这两种管道，人类便能臻至完美。”

爸爸

理想

孔子，一位幽默宽厚的老师

忙碌一辈子，
心愿竟如此简单！

TO B宝：

这是电影《孔子》的最后一幕。

鲁国城门前，滚滚黄沙中，跪着一位身穿青衣、脚穿破布鞋的老人。顶着满头白发，只见淌下的泪水流过布满皱纹的脸庞，漂泊十多年的孔子终于回到故乡——鲁国。满怀着任重而道远、以礼乐治国的孔子，因仕途不顺而周游列国、离乡背井，到处宣扬他的理念，直到白发苍苍才回到家。是什么力量让他愿意迈向崎岖、面对充满障碍的路途？要有多大的决心，才能有这般毅力？是怀着多大的抱负，为了让社稷更美好而不辞劳苦、颠沛流离？

电影告诉我们答案：孔子认为为了国家、为了黎民百姓，牺牲性命也甘愿。身为君子，就该秉持着“士不可以不弘毅，任重而道远”的理想。即使知道了这个答案，我仍觉得这个想法太过恢弘，难以想象或体会。于是爸爸推荐我们看于德昌所写的《一次读完论语最精华的智慧》。

这本书里面选出了一百句孔子传授的做人处世的道理，还有生动的讲解，使我们青少年了解能做什么、该做什么。每篇还附上印证这些道理的真人故事，读起来趣味十足。原本以为孔子是一派道貌岸然、满怀忧愁的大圣人。看了书才发现孔子是位因材施教、有智慧、和蔼幽默的长者。同一件事情，对不同个性的弟子，态度与教法都不一样。其中我最喜欢“毋意、毋必、毋固、毋我”，不主观臆测、不绝对肯定、不固执己见、不自我主义，这四大做人处世的道理，让我更能掌握现代交友中应有的态度！

我很敬佩孔子，敬佩他能毫无畏惧地走在自己的理想道路上。不怕嘲笑、不怕困难、不怕阻碍，在陈绝粮依旧弦歌不辍。带着自信与努力朝自己的梦想之路前进。孔子给我的最重要的启示是：不要怕困难，走自己的路就对了！

A宝

TO A宝：

其实，我不完全赞同孔子。

孔子是华人世界的大名人耶！无人不知其名、无人不晓《春秋》、无人不谈《论语》，中国源远流长的儒家文化，就是由这位孔老夫子所发端的。但，我不赞同子曰：“父为子隐，子为父隐，直在其中矣。”孔夫子常用映衬的方式明确地界定出君子和小人的行为，孔子曰：“君子坦荡荡，小人长戚戚。”但如果君子“隐”又如何“坦荡荡”呢？

我也不赞同子曰：“食不厌精，脍不厌细。”孔夫子最赏识弟子颜回，总夸他：“贤哉，回也。”“一箪食，一瓢饮，居陋巷，人不堪其忧，回也不改其乐。”那为何孔子这么注重自己的饮食？也许，孔夫子认为保持这种生活质量，才能有规律地生活。孔子曾告诉弟子，管仲很奢侈，但这点小毛病仍旧不影响他伟大的人格。孔子千言万语中的小瑕疵当然也不会遮蔽他想传达的真正道理。

中国古代即是重男轻女的父系社会，如果连孔夫子也不能在阐扬“仁义”之时，发掘大时代的盲点，实在令人惋惜。子曰：“唯小人与女子难养也。”孔子将小人和女子相比实在不近情理，有人为之辩解这是孔子对卫国夫人南子个人的评断。但孔夫子怎么会犯这么不周严的错误，以偏概全地否定天下女子呢？

虽然如此，我也是佩服孔子的。孔夫子周游列国实际上是怀才不遇，颠沛流离地奔走各地，只为了散播仁爱。孔子曰：“求仁而得仁，又何怨？”这句话总结了他潇洒的人生。

B宝

我们读中学时，有个科目叫作《中国文化基本教材》，里面内容就是以《论语》、《孟子》为主，当时为了考试，囫囵吞枣且心不甘情不愿地背诵，再加上一大堆宋明理学家的批注，搞得七荤八素，觉得这几个人真啰唆，话这么多。

可是随着年纪愈大，在生活上、工作上遭遇到的事情多了，偶尔有些微体会时，当年死背强记的“子曰子曰”就跳出来，让自己豁然开朗，觉得孔子可以用这么简单清楚的话，把道理说得那么明白，真的是非常厉害啊！

也因此我在没有考试压力的情况下，在读大学时及毕业进入社会工作后，把《论语》整本又重新读了三四次，每次都有很多的体会，也愈来愈喜欢孔子了。我拿给A 宝看的《一次读完论语最精华的智慧》基本上还是应付考试的参考书籍，若你们真的有兴趣，可以看傅佩荣教授写的《孔子的生活智慧》或者是南怀瑾先生的《论语别裁》，这两本书都是由演讲中整理出的，生动而有趣，又分析得非常透彻。

孔子其实不是我们当年所想的，顶着“至圣先师”的伟大头衔，一副道貌岸然的老学究家，我们也不应该把《论语》神圣化了，像是经书或咒语般，以为是不容动摇的标准答案，其实孔子很幽默的，喜欢开玩笑，《论语》是他与学生之间的对话，而他原本就是因材施教，遇到不同资质或性格的学生，都会以不同的方式来引导与解说。

像B宝觉得孔子太不尊重女生了，还说出“唯女子与小人为难养也”这样的话，其实孔子所处的时代，社会是以男性为中心，男生有机会受教育，而女孩子只能学些非常基本的常识，长大后只能留在家里做些琐碎的家事。相较于男生，当年的女生能力无法发挥，思考范围自然比较窄，眼界与气度也容易不足。同样的，孔子指的“小人”是指没有受过教育的凡夫俗子，他的意思是说，没有受过教育的人，只能看到眼前的利益；你对他好，他就听话，对他不好，立刻就抱怨，这也是孔子强调受教育的重要性。

至于“父为子隐，子为父隐，直在其中矣”，这个例子也显现孔子在面对两难处境中的价值选择。若以法家思想来说，为了公平正义，应该大义灭亲，可是孔子大概是这么考虑的：如果儿子作证父亲偷了羊，虽然公正得以彰显，但是父子亲情受到损害；若是儿子沉默，羊的主人有了损失，正义无法伸张，但是父子的天伦之情得以维护。假如儿子不作证，其实对法律损害不大，因为还可以从其他渠道找到证据，一样可以公平判决，而且即便证据不足，无法判刑确定，一只羊失窃，也不是严重的案件，对社会危害不大。

但是，相反的，假如儿子作证，对父子亲情损害很大，而且还会开一个非常不好的先例，那就是父子可以互相告发，让人类最基本最原始的天伦及信任都被破坏了，这种代价远远比一两件侥幸逃脱的小罪还来得大。

其实孔子这种选择不只在重视人伦孝道的古代是必然的，即便在法律非常严谨的现代，许多国家也是允许利害关系人可以拒绝对亲人不利的作证。

孔子一生最重视的就是“仁”，什么是仁？仁者二人也，也就是探讨人与人之间的关系，这种关系有亲疏尊卑的差别，有不同情境的选择，但无论如何，孔子的“仁”，都充满了对人性的了解与善意的温暖。

另外，B宝觉得孔子“食不厌精，脍不厌细”不好，但这句话其实并不是“子曰”，换句话说，不是孔子亲自说的话，这两句话出自于《论语》第十篇乡党，整篇都在描述孔子的生活形态，也就是由弟子回想孔子的日常生活花絮，比如他怎么穿衣服，怎么坐车，怎么吃东西。这些日常习惯弟子之所以会特别记录下来，大概是觉得很多人都不知道基本的生活礼仪，我觉得蛮类似爸爸小时候整个社会在推动国民生活须知一样，记得当时上课还要背诵考试“出门不能穿汗衫，不能穿拖鞋……”呢！随着时代变迁，生活习惯与方式自然不同，我们不必太拘泥于这些字句。

我欣赏的是孔子的真诚，他不虚伪，不做作，也因为真诚，而呈现

出对人的宽厚，甚至是幽默。

《论语》中我最喜欢的一段对话是有一次孔子与子路、曾点、冉有、公西华四个学生闲坐聊天，孔子问他们的志向，结果子路、冉有都怀抱救国救民的政治大理想，公西华对法律制度有抱负，只有曾点不讲话，在旁边悠哉地弹着乐器，在孔子的追问之下，他才不好意思地说："暮春者，春服既成，冠者五六人，童子六七人，浴乎沂，风乎舞雩，咏而归。"

这个心愿其实是非常渺小的，结果孔子却大声地感叹说："我的愿望与你一样！"曾点的心愿翻成白话是：当春天来了，换下厚重的冬衣穿上轻便舒适的衣服，和同伴五六人，带着十来岁的孩子六七人，到溪水里去游泳，上岸后跳跳舞，让风吹干身体和衣服，然后唱着歌回家。

很多人都非常讶异，孔子一辈子如丧家之犬，急急惶惶游走列国，整天讲得口干舌燥，忙碌一辈子，其实他真正的理想就是这么简单！

其实孔子的心愿也正是爸爸当年与许多朋友一起成立荒野保护协会的最主要动机，我们希望大人与孩子都能在天籁下起舞，让我们能在荒野中，探知自然的奥妙，领悟生命的意义；让孩子可以在自然中培养丰富的想象力与创造力。我们祈求上苍把我们失去的还给我们——还给我们清澈的溪流，还给我们在门口榕树下乘凉的环境，还给我们与自然悠闲相处的心情。

当然，我们不只是坐着祈祷而已，"荒野"里数以千计的志工也像孔子一样为了这个简单的心愿，努力奔走，无私地奉献。相信你们从小跟着爸爸妈妈在"荒野"里长大，应该也能感受到"荒野"志工那种热情的心吧！

历史

你愿意生在哪个时代？

阅读历史必备的武功秘籍

TO B宝：

叮——咚——便利商店的门开了，有人匆匆地从里头快步走了出来，跟随着飘出来的，是张毫不起眼的普通发票。看着那张慢慢落下的发票，同学们如获至宝般蜂拥上前抢那张发票。

趁着段考完，导师阿明和英文老师带着我们到创世基金会参观、参与核对发票、再到街头募发票的工作，上了堂令人难忘的户外课。

顶着烈日，同学们一个个穿着黄色背心，手里拿着募票箱，很认真喊着“顺手捐发票，救救植物人”。两人一组，穿梭在复杂如迷宫般的闹区，紧盯着每个从眼前经过的“猎物”，不放弃每个可能募到发票的“机会”。街头募票这门课，使我感触最多。红绿灯前一辆正等待变换绿灯的出租车，主动朝我们按了喇叭，叭——叭——这似乎是个好预兆，我连忙跑了过去，果不其然，出租车司机把他车上所有积存的发票，投到了我和糯米业绩仍挂零的募票箱，当下我们感动得眼泪都快飙了出来！

看着募票箱渐渐有了起色，我们也更加卖命。街角辛苦的老鞋匠拿出收集许久的一盒发票，高中生们因为没有发票而连声道歉，上班族们从包包里奋力找出发票……募票的过程，感动的心不断地被填满，不仅因为又募到了发票，而是感受到了路人的爱心。

付出的感觉真美好！因为付出，我知道什么是真正的快乐，因为付出，我体会到了“人间有爱”。

现在，每当看到发票，眼前便浮现出那天募发票的点滴。根据统计，一张发票相当一块钱，而捐发票是关心植物人最简单的方式。所以，现在拿到发票，不要随手丢弃，要投到募票箱里。因为，人要付出才有快乐！

A宝

TO A宝：

看到你兴奋地讲述募票的点点滴滴，真羡慕你有机会和擦身而过的路人，留下片刻心灵交会的感动。想起这学期初，接连有俄国残奥选手及日本友校参访，我们接到表演扯铃、负责接待和教扯铃的任务。我们彼此用无声的语言指手画脚地沟通，看着他们从对扯铃产生好奇与兴趣，到渐渐能得心应手，脸上流露出灿烂的笑容。我们兴奋了好几天，直到现在回想起来还回味无穷呢！

幸福有时与付出、奉献画上等号，能找到自己在世界上存在的价值，生命才会活得精彩吧！

A，你们历史进度到哪儿？我们进展到宋朝。前几天在老爹桌上，发现一本武功秘籍《我是宋朝人》，看完之后发觉功力大增。

中国人常自称华夏民族，原住民称我们为汉人；在西方国家，也有许多唐人街、唐人村。一般认为汉、唐这些朝代，是中国最辉煌的时期，为人称颂、怀念。而宋朝只是个频频被草原民族欺负、年年交岁币换取和平的弱国。为什么作者特别以作为“宋朝人”感到骄傲呢？这就是这本书引人入胜的关键吧！作者挖掘了许许多多史料验证，颠覆了宋朝积贫积弱的刻板印象。用另一个全新的角度，宋朝被诠释为“超然”的“和平”主义者。

孔子曾说：“往者不可谏，来者犹可追。”古代战死沙场的将士、天地不容的奸人秦桧，都已化作白骨；使百姓家破人亡的安史之乱已无法挽回。那为什么还需要读历史？“以史为镜可以明得失”既可让我们避免悲惨的历史重演，又可仿效当时良好的社会风气。

读历史，最有趣的是各派学说的意见分歧。往往冲突的观点，才能激荡出精彩的历史诠释，他们未必要争谁对谁错，而是在探讨“人性”。宋朝初年皇位传弟不传子的“金匮之盟”是个谜，有人认为真有其事，但按赵光义这位皇帝的人格品行，假造此事也不无可能。

历史是篇不断增加的故事。但课本上条列式的内容，很难硬生生地塞入脑中，既枯燥又乏味。别忘了，有一本武功秘籍等你翻阅。

阝宝

你们会喜欢这本《我是宋朝人》让我蛮意外的，因为你们纯文学的书看得比较多，这种历史评论的书过去这几年好像很少阅读呢！

若是你们对这种从与“教科书”不同的视野来看历史的书有兴趣，我想推荐你们看《宋词是一朵情花》。乍看之下会以为这是一本有关宋词的介绍与翻译的书，其实不只是如此。

我们都耳熟能详地说着“唐诗、宋词、元曲，明传奇”。的确，我们知道每个朝代都有属于那个时代特别兴盛独特的文学形式，但是我们却不见得能体会到，在这些代表性的文体中，还隐藏着时代的特色与气息，比如《诗经》的古朴、楚辞的华丽、汉赋的气象万千、宋词的妩媚婉约、唐诗宽阔的胸襟和气度。从文学作品中除了看到作者本身的喜怒哀乐之外，也可以感受到写作者面对当时所处时空下的集体思维，毕竟文学离不开生活，更超脱不了时代的情绪与氛围。

宋词是可以唱的，就像目前歌曲的歌词一样，有了固定的曲调，再加以填词，就像你们的好朋友许真，常常把流行歌曲的歌词改写一样。而且我们看宋词的内容很多都太过儿女情长，不管达官或文人书生所填的都很艳丽，似乎都是在青楼酒馆里填写的，可见宋朝的娱乐事业很兴盛。

《宋词是一朵情花》的作者李会诗不是用不同的词来分篇章，而是利用词来让我们看到宋朝人的生活，从达官到百姓，女性或文人，写得真是精彩。像这一段就解开我以前读宋朝历史的困惑：“宋朝有一个奇怪的现象，很多皇帝都励志图强、奋发向上，想要大刀阔斧地革除弊政，但到最后常常虎头蛇尾、草草收场。这恐怕也与大宋重用文臣有

> **【浪漫生活清单】**
>
> ● 书：《我是宋朝人》《宋词是一朵情花》《最美不过诗经》《隋乱》《开国功贼》《最风流醉唐诗》《明朝那些事儿》《最是元曲销魂》

关。文人多半很容易热血沸腾，思维较感性，演说和煽动的能力都很强。宋朝的皇帝文化素养高、文气十足，容易被激情点燃，被理想刺激。说得更明白一点，皇帝与官员都是浪漫的理想主义者。这样的人，一旦遭挫折，通常很容易退缩。所以，每每遭到保守派的反扑，在皇权的退让与默认下，改革派很快就会被镇压下来。范仲淹如此，王安石也如此，欧阳修、苏轼等前后惨遭牵连的文人更是不计其数。宋朝的文官没有死刑，这对这种政治的起伏更是起了推波助澜的作用。”

其实宋朝在我们背诵历史时，印象就是“积弱”两个字，政府无能、官员腐败、人民苦难，以致豪侠挺身而出，比如《七侠五义》《水浒传》等的出现。但我们却忘了宋朝是非常有钱也有闲的时代，首都开封是当时全世界人口最多最进步的城市，一如近代的纽约、伦敦、巴黎一样。

在我们觉得面对外族屈辱的求和背后，我们或许可以把宋朝看作是和平主义，希望老百姓可以免受战乱之苦。而且在各个朝代中，只有宋朝对文人待遇最好，据说开国皇帝宋太祖有一条家规——“不杀诤臣，不杀读书种子”，因此文武百官勇于发表不同意见，整个时代是相当自由，甚至是民主的。

宋词中有许多有关“元宵看花灯”的词，看了作者的说明我才知道原来中国传统的情人节并不是七夕，而是元宵节。每到元宵节，城市里灯火通明，家家户户点燃各式彩灯，大街亮如白昼，夹杂着文艺表演，通宵达旦，平常不允许抛头露面的年轻女孩，这时候也可以出门赏灯，有纾解压力的狂欢机会，有点类似现代外国的嘉年华会呢！

你们读历史，从古代到近代也大略读过一遍了，若可以搭乘时光机，选择任何一个朝代生活的话，你们会选择哪个朝代？

爸爸

A宝问：

爸爸，那你最想回到哪个年代呢？

爸爸答：

我最想生活的年代其实就是“此时此刻，此时此地”。

当然，我们这个时代有许多迫在眉睫的危机，甚至整个人类文明很有可能就在可预见的未来“不永续”（其实也就是灭绝的温和说法）。

何其有幸，我们生活在一个如此艰难的时代，但另一方面却值得我们倾尽全力去改善，生命的意义往往只有在努力中彰显。而且这个时代有最方便取得的书籍 、影片，还能够自由自在地旅游，这都可以丰富我们的生活，也是古代难以达到的，所以我喜欢活在这个时代。

地球的未来

假如人类消失了？

这不是恐吓！
人类、地球该如何共存共荣？

TO A宝：

3月11日，第八节课的钟声响起，训导主任的声音严肃地从广播器扩散出来："各位同学注意，五点三十分海啸会抵达台湾……"几个小时前，日本刚发生里氏9.0的地震。因为阪神大地震曾重创日本，所以平时他们就规划了严谨的防灾演练和配套措施。纵使如此，日本受到的伤害仍十分惊人。

瞪着报纸上斗大的标题"日本史上最烈"，边和同学们为日本祈福，边感恩我们的幸福。同时忆起一位杂志编辑曾发表的文章《没有人的地球》，假设人类"瞬间凭空消失"地球会如何发展，后来写成《没有我们的世界》一书，并改拍成电影《人类消失后：重生的地球》。

十秒钟内，无人驾驶的汽车会相撞燃烧；十小时内，人们饲养的宠物开始必须自己觅食；十天内，人类营造的灿烂夜晚渐渐消失；更久后全球核电厂因为失去防护，逐渐散发有毒物质和辐射线，甚至一一爆炸！人虽消失了，却仍在“改变世界”。但是人类可别骄矜自满。研究估计：人类每年砍掉世界上超过一半的树木，五百年便能恢复盎然的生机；人类排放可观的废气，两百年即能清理干净；**人类发展一万年的文明，大自然却能在几百年内掩盖人类的痕迹。**

如果看完《人类消失后：重生的地球》就高兴地认为，原来地球任凭我们在它身上为非作歹，都能轻轻松松善后，地球就会变成《瓦力》中充满方形垃圾的灰色大地。《瓦力》也许不再只是人类想象出的预警片，极有可能成了预先拍摄的“纪录片”！瓦力在片中和计算机程序展开对决，为的是争夺破鞋里的一株小草，这一小株青翠却是繁衍生命的关键！曾有人如此形容植物“吃太阳”，巧妙解释植物在大自然扮演的角色——将太阳的能量转换成其他生命可以利用的形式。

永续发展不仅是课本里教导的理念，更是我们真正要落实的法则。看完两部电影后竟发现：人类消失后，地球似乎更能生生不息。但书中也提道：“如果没有了人类，这个星球会不会因为少了我们的贡献而变得有些贫乏呢？没有人类的世界是否会怀念我们，而不是大大松了一口气呢？”真希望人类和地球能永远共存共荣。

B宝

TO B宝：

3月14日，早晨时光倏忽飞逝，一堂挨着一堂，钟声接着钟声。数学、理化、英文老师的身影如跑马灯般一一掠过眼前，脑海仍留着老师们对“日本地震”的反思。班导的学姐目前在东京留学，和班导通话提到：“日本政府、民众和媒体都相当冷静。而我们的媒体报道日本民众惊慌地弃车奔逃，事实上是日本民众配合政府的倡导，尽量不开车改租公共脚踏车，让出道路给救援系统。”英文老师也作出比较，同样是灾难新闻，日本媒体发挥稳定民心的力量，反观台湾媒体总是不断播出惊悚的画面。

“让地球重生的办法，唯有人类消失。”何时，我们开始遗忘人类只是地球上的过客，却肆无忌惮地浪费有限资源、大规模破坏生态环境。地球如果没有自称“万物之灵”的人们，一点影响也没有，反而有益无害！人类的破坏力无远弗届，我们消失后核电厂将释放出威力惊人的辐射；像塑料产物这些环境无法分解的用品，会连同有毒分子残存在土壤里。电影《人类消失后：重生的地球》呈现出人类消失后两百年，大自然的力量会重新恢复大地原本的面貌。人类文明的足迹终将消失殆尽，被强大的自然征服。

看到地球成为垃圾场的电影《瓦力》，我心里想着：哎呀！这只是动画啦！地球不可能有这一天。但是随着瓦力在荒废的垃圾场中漫游，也开始担忧起来。我们都知道保护大自然的重要，每天却仍不断在买与丢的动作中循环，不知不觉中成了残害地球的元凶。人人说要节能减碳，却常“啊！”的一声不是忘了带环保筷，就是人手一杯盛装饮品的纸杯、塑料杯。有时，会觉得想法与同学格格不入：明明是“春风送爽”，同学却硬要开电扇，只因为学校支出开电扇的电费。有些同学每天总要来两杯包装饮料才过瘾，看了极为难受却也莫可奈何。

既然“减量”“禁止”很难看到成效，老爸提出正向思考，如果任何产品在设计之初，人们就要求它使用完不会变成废弃物，资源就可以从一个价值创造出另一个价值。老爸还说，至今已有近千种日常用品符合这样的目标，我们也应该要支持这样的产品！

A宝

接连好多天各种媒体不间断地报道日本大地震的消息，而且通过卫星影像的直播，让全世界的人似乎亲身经历了这场灾难，除了震惊，也感慨大自然的力量。

近一年来，的确是强震连连，最先是海地，然后是智利，再来是年初的新西兰以及现在的日本，都是超级强震，造成的灾难与损伤都非常巨大。感觉上这些年不管是地震，或者是台风、泥石流，各种天灾似乎层出不穷，不过我们也都知道，地球一直是活生生的，处于不断改变的动态平衡中。就像台湾几百万年来因为板块挤压，从海底浮出来，所以地震一直是有的，就像山崩泥石流也一直存在，只是以前人口不多时，地貌的改变只要没有波及民众的身家财产，媒体就不太会报道，我们也就不会注意到而已！

不过，虽然地球的环境变动一直存在，但是最近的一份资料指出，近几年全世界的天灾地变不断，2009 年是 2008 年的 14.5 倍，而 2010 年又是 2009 年的 27.5 倍，看来地球真的是处在一个高度变动的时刻，人们也要随时准备好面对灾难的降临。

当我们看着日本的灾难，打从心底佩服日本人的冷静与韧性时，却忘了我们才是世界上最勇敢的啊！前两年，联合国曾公布了一份调查统计，将全球因为环境变迁而导致的风险做个比较，从台风、大雨、泥石流、地震、海啸、海平面上涨、地层下陷、海水倒灌……各种灾难做个比较，我们样样风险都有，而且样样都名列前茅，合计起来比积分，我们是全世界天灾风险第一名的地区，可是似乎没人在意，这也是荒野保护协会一直努力在做环境教育的原因，我们必须重新审视我们居住的

【浪漫生活清单】

- 书：《没有我们的世界》《从摇篮到摇篮》《群》《塑料：有毒的爱情故事》《失控的进步》
- 影片：《瓦力》《人类消失后：重生的地球》
- 新闻：2011 年 3 月 11 日日本大地震

环境，找到与自然相处的恰当位置，否则就像你们最近看的书跟电影一样，大部分人类从地球上消失，这并非不可能。

人类是不是地球的病毒？因为人类的存在，而造成其他物种生存的危机？

《没有我们的世界》这本书就以科学的角度，探讨一个假设性的问题："如果人类突然在地球上消失，我们的世界会变成什么模样？"

从第二天，第三天，一年后，五年后……作者一路推演，地球没有人类之后，会是如何？借由这个非常不一样的观点，一方面凸显人类过往给地球带来的破坏，另一方面也呈现出大自然的力量。后来这本书也拍成电影，用计算机图像处理技术，让这个想象活生生地出现在我们面前。

《瓦力》这部电影是多次引领世界创新变革的苹果计算机创办人乔布斯所成立的皮克斯动画公司所制作，影片中设定的背景——地球因废弃物、污染、资源耗尽而丧失生机，其实也是这些年来，许多人心中的隐忧。几乎所有的人都知道保护大自然的重要，却会忽略了**我们每天不断地购买东西、丢垃圾，就是在伤害赖以生存的环境。日常生活中我们不知不觉的习惯，原来就是残害生物的元凶！**

垃圾是现代社会很大的困扰与威胁，但我们或许忘了，没有多久以前，在我们的父母亲年轻的时候，当时的世界没有所谓的垃圾。吃的、穿的、用的，一切物品用完之后都可以回归大地，融入生态体系的循环。

直到工业革命之后，人类才制造出大量无法进入生物循环的物品，例如塑料，而且这些物品大多含有许多会影响健康的成分，《塑料》就是一本描述人类对塑料既爱又恨又割舍不断的上瘾文化史。

还有一本书《从摇篮到摇篮》就提倡我们应该建立全新的制造模式，向大自然学习。任何产品在设计之初，就应该要求使用完不会变成废弃物。不是减少废弃物，而是将废弃物转化为其他有用的产品，如此一来，资源不断地循环利用，一个价值创造出另一个价值，生生不息。

这个概念并不是遥不可及的梦想，事实上，这种“从摇篮到摇篮”的设计概念（相对于“从摇篮到坟墓”）世界各国已有不少企业与团体响应，付诸实际行动，至今已有近千种日常用品符合这一目标。

如果人类真的要在地球上永远存在，恐怕真的必须建立这种所有物质都可以循环再利用的世界。

另外，还有一本提到人类生存问题的幻想小说《群》，书中假设海洋里有某种高等生物，对于人类破坏污染海洋的行为发动反击，这是一本写得非常精彩的故事，好像在看一部令人喘不过气来的冒险电影，书中还含带有许多海洋生态的知识，很值得一看，不过，内容太丰富了，大概有七八百页，恐怕得等你们考完北北基联测才有时间看！

B宝问：

为什么人类一直在追求进步，却又羡慕古老的生活？

爸爸答：

到底什么是“进步”这恐怕不是容易回答的问题，有一本《失控的进步》讲得很好：“一次猎杀一头长毛象，是生存；一次猎杀两头长毛象，是进步；但一次猎杀两百头长毛象，则是进步过了头。”

从蛮荒到文明，人类利用自己的聪明才智，不再恐惧被野兽吃掉，不再担心吃饱一餐不知下一餐在哪里，这当然是进步，可是当人类衣食已无缺之时，还不断地竞相追求更多、更快，许多过往的习惯以及人与人相处的美好氛围反而失去了。

换句话说，当人们感受到物质的享受并不会让我们更快乐、更幸福时，难免会怀念古代那种单纯安心的生活。

城市的未来

什么样的城市可以让生活更美好？

参观世博＝环游世界，看馆、看物、看人都是学习

TO B宝：

记不记得爸爸问山西馆导览员“为什么中国第一富商传奇《白银帝国》来自贫瘠的黄土高原山西省。” 山西美女面带微笑回答：“十年历史看深圳、百年历史看上海、千年历史看北京、三千年历史看西安、五千年历史看山西……”我们都对她的自信与机智留下深刻印象；德国 Bremen 先生主动热情地说明不莱梅汽车共享、绿色能源的理念；我们每天赶最后一班捷运回旅馆，也曾历经两次失散、广播找人……从世博回来好几天了，整理照片制作自己的《世博专刊》，世博行的点滴如跑马灯般，在眼前一一闪过。

回到台湾，我们常被问：“世博值得去吗？”听到我们滔滔不绝、口沫横飞地描述所见所闻，又疑惑地问：“那里不是又挤又热，人山人海吗？”出发前，我们根据导览手册，五个片区中每人各列出五至十个最想去的展馆、想去的原因、展览特色再彼此分享。同时建立共识，排

队超过一小时的展馆就放弃。不想错过的展馆，等到晚上星光时段人潮减少再排队。这样的策略，我们最多排队四十分钟、平均排队时间不超过十分钟。

意外的是第二天一早到城市最佳实践区（E 片区），听到广播限量发放“城市名片册”，集满十五个城市馆纪念章，就能换中国国家馆的预约券。我们参观包括台北馆在内的十五个城市馆：麦加的米纳帐篷城、马德里的空气树、称为“旅行塔”的葡萄牙组合屋、用建筑废料做出的上海生态家……看得目不暇接，也换到至少要排三个小时的中国国家馆预约券。

B，你说这趟世博行是进入昏天黑地九年级的“暴风雨前的晴空”，一放暑假爸妈便带我们、卢蛋、糯米一同进攻上海世博会，为未来一年揭开完美的序幕。短短几天，体验许多不同国家的文化、风俗、特色……也能和来自不同国家、城市的人谈天。除了欣赏争奇斗艳的建筑设计、展场规划外，我也从志愿者身上看到服务的热忱。由大学生组成的志愿者长时间在炙热的阳光下工作，同样的话已说了百遍，依旧面带微笑地为我们指路。他们敬业的精神、诚恳的态度令人敬佩。

参观世博，看馆、看物、看人都是种学习，都有很不一样的收获。

A 宝

TO A 宝：

“这是文明世界，请大家排好，勿推挤，请慢行”。广播声被人群的嘈杂声掩盖，“请文明观展”“言语文明不喧哗”到处可见。爸爸说我国想利用世博会，提升人民素质。原已计划好的防插队策略，一直都没机会派上用场。或许是标语起了作用，大家都很遵守排队规则。

我们坐在携带式小板凳上，从容地详阅世博手册。趁着漫长的等待与安检，先了解何谓世博。世界博览会是世界各地博物馆齐聚一堂吗？是主办国的一枝独秀吗？为的是威震四方，还是招揽奇才异物？世博会由1851年英国维多利亚女王首创，慈禧太后也曾应邀参加。从炫耀本国发明到文化、科技、技术的交流，许多如今普遍使用的器物如微软、U盘，都从此出道！

此次上海世博会，因为天时、地利、人和，让不爱凑热闹且明年要考基测的我们，也赶在放暑假的第一天直飞上海，真的“超值”！从小就梦想像外婆一样周游列国、环游世界，原以为要过好久才能实现，但却在十四岁的暑假美梦成真！每个国家的展馆皆独树一帜，不仅有酷炫外观，也有精心规划的主题。但真要有收获，事前一定要搜集信息，网上的世博攻略不知凡几，但这些都只是参考，拟定“自己”的路线才是上策。

选择跟团的确可省去不少麻烦，却无法深入探索；选择自助旅行，作为一身轻的背包客可按着自己的节奏浏览，但问路、找路、迷路屡见不鲜。爸妈放手让我们四人规划行程、参观路线，遇到难题也要我们讨论，共同找出解决问题的方法，增加了许多自主的乐趣。

在世博园区中，不！是刚下飞机，一抵达上海，应立刻“手牵手”，我们转个身便消失在茫茫人海中的“惊”险，在短短五天行程中上演了两次，找人的耗时、失散的紧张，永生难忘。但是我们也学会了冷静、找寻协助。

有时完整详细的规划不如钢铁般坚强的决心有效，外在变化有时是无法掌握的，如天气、人潮，但是好友互相打气，可以增强我们的动力。如果没有好友激励，我们勇闯世博三天，一定无法达到五十二个馆的战绩。

R宝

你们有没有发现，我们在旅馆里或世博会场中碰到一些朋友，他们很多都提早“阵亡”，原来预计参观三天或四天的，在第一天或第二天就放弃了，不再入园改到其他景点玩。回台湾后与更多朋友聊天也发现，许多人参观上海世博，回来之后大部分人都批评人多太挤又要花很多时间排队。

但是这趟旅行我们却玩得很尽兴，你们知道为什么吗？我想原因是你们事前准备得很充分，除了研读资料还负责规划行程，而且你们也各自邀了好朋友同行，整个行程，包括一切对外交涉以及吃什么，要参观哪个馆，都由你们决定，因为有同伴所以排队时不会无聊，又可以互相激励，彼此讨论与学习，所以我们才会觉得既好玩又有收获吧！

这次的世博是历来规模最大的一次，在五平方公里的园区里，有192个国家，50个国际组织，18个企业，80个城市，共有300多个单位，将近200栋超大的展览馆。

世博会号称是世界各国科技与创意构想的奥林匹克运动会，除了展示各个国家文明的进步，在此地各国人民彼此切磋，从竞争中求进步，同时各国无不在展示馆的建筑上充分表现自己独特的创造力。

每一届都会选一个与人类未来相关的共同主题，这次是“城市，让生活更美好”，除了探索城市的未来之外，绿化建筑、建材低碳化、设计数字化，以及洁净能源的大规模应用，无不出现在各个展览馆的每个角落，甚至整个世博园区就可以说是个巨大的未来城市科技实验区。

地球上所有城市的面积加起来，占不到3%，但却聚集了过半数以上的人口，耗用了将近80%的能源，面对全球化竞争，城市扮演的角色逐渐超越了国家，或许这也是这届世界博览会的主题定为“城市，让生活更美好”的原因吧！

【浪漫生活清单】

- 书：《好城市，怎样都要住下来！》
- 旅游：上海世界博览会

我觉得一个能够让人觉得美好的城市，一定要是活生生的、充满生命力的，因此若能在人工的建筑中保留一些植物与生物生存的空间，才是符合人性的空间啊！

这也是俄罗斯馆最令人惊艳的原因，十二座不规则形状的塔楼构成非常大的一个展示馆，其中绝大部分的空间却打造成梦幻花园，在悦耳的天籁声中，绕行着这个花比人大的不可思议的花园，让我想起美国馆播放的一部没有任何语言对话的4D效果电影，叙述一名小女孩如何将废弃空地变成茂密的花园。看来，当人们生活在已经过度人工化水泥化的都市中，对大自然的渴望反而愈加强烈。

在城市最佳实践区的宁波馆的中庭里，由水蜜桃和草莓围绕着的中央，居然是一亩绿油油的水田。躺在“天动地动”的展厅地板上欣赏天花板与四周墙上播放的影片，想不到地面开始涌动，形成此起彼伏的波浪，让我们全身感官几乎身临其境地体会了宁波的自然风光。

你们有没有注意到不管走到哪里，在影片或展示广告牌中不断地看到的“低碳城市”是什么意思吗？

低碳城市是当前国际大都市致力追求的目标，除了是防止全球暖化、节约能源之外，也能降低环境污染，增进生活质量。

低碳城市除了要提倡绿建筑之外，最重要的是整个城市的规划设计观念的改变，比如将以车子为主的城市街道还给人，马路应该除了交通，还可以用来逛街、游戏、吃饭、喝咖啡，也就是营造出一个可以散步的城市。当然，鼓励自行车当作通勤的交通工具，用大众运输系统取代每个人开着的小轿车，这些都是建立低碳城市最基本的条件。但是，最重要的关键是不只建筑绿起来，整个城市也要绿起来，相信人与自然可以和谐相处，让城市不只是适合人住的地方，也能够成为其他小动物的栖息地。

你们以后也一定会知道，世界上著名的城市，绝不会因为市中心多了一座占据公园绿地的大运动场而名扬国际，反而会因为生活空间中的绿荫使得人愿意住下来。

就像《好城市，怎样都要住下来！》书里提到原本自豪与海争地的荷兰已开始“还地于河”，而“人车平权”“提倡生活化道路”的政策也让荷兰将都市空间还给“人”；而美国西雅图更以缩减车道、设生态草沟来取代地下水道，打造会吸水如海绵般的生态城市……

“人塑造环境，环境塑造人”，我们的确有能力改变环境，塑造出城市景观，但是一旦我们住在里面，久而久之，环境就会反过来改变我们的个性与视野。因此，我们要注意我们所处的环境，也要努力改善我们所居住的环境，相信你们从小参加荒野保护协会的活动，也很能够体会到这一点吧！

B宝问：

为什么荒野保护协会有“远见”可看到未来可能面临的危机？

爸爸答：

其实不是只有“荒野”伙伴有远见，古往今来无数的人都在努力为人类的下一代建构一个比较好的成长环境。

我想你一定会困惑：“如果大家都知道该怎么做比较好，为什么不那么做呢？”

这也是人类这个物种非常特别的地方，有时候好像很聪明，有时候又似乎非常愚蠢。或许可以简单地回答，人类很聪明地发明某些工具、技术或制度来改善生活，可是最终又被这些工具、技术或制度所困，以致必须承担随之而来的后果。我相信可以找到人类与环境、万物共存共荣的永续之道，这也是“荒野”里许多志工努力不懈的动力吧！

后记

只要有书，我就满足了！——我的阅读之旅

——李伟文

最近这些年，不管到图书馆或书店，看到满坑满谷印刷精美、内容丰富生动、种类繁多的儿童读物，内心总是充满许多复杂的情绪，一方面是羡慕现在的孩子有这么多精彩的书可以看，可是另一方面又很感慨现在的孩子因为影音声光娱乐太多，很容易失去了安安静静进入阅读世界的机会。

我的童年时代没有电玩，没有什么才艺班、补习班，也没有什么好看的电视节目可以打发时间，因此课外书很快就成为排遣寂寞的良伴。

六十年代我读老松小学，那个时候经济正从农业慢慢转型为工业，大部分家庭虽然清苦，但是社会风气淳朴，也相当具有人情味。还记得拿着玻璃罐到巷口杂货店“打”花生油的情景，当时家里买鸡蛋都是挑较便宜的破蛋，可是即便生活这么拮据，父母亲还是会省出一点点钱让我们到位于岭街的旧书摊买书。

当时也正是台湾人口急剧增加的阶段，老松小学学生人数超过一万人，因为校舍不足，学生只好分为上午班跟下午班共享一间教室，也就是某些班级这星期只要是上午上课，隔周就改成上午放假下午上课，各班轮流着只上半天课。印象中就有许多没有玩伴的漫长午后等着打发。我们家住在万华火车站后面大理街的一间小小的两层小公寓，二楼顶有个斜斜的小阁楼，我常

常一个人坐在阁楼的窗户边看课外书，在安静阅读中憧憬着外面的广大世界。

后来读中学时，我发现志文新潮文库出了一本翻译书《屋顶间的哲学家》，书中贫穷又喜欢看书的主角就住在这样的阁楼，也常常像我一样，边看书边看着窗外的芸芸众生。我非常喜欢这本书。一直到大学，有同学或朋友生日，我还会送这本书当生日礼物，印象中至少送出去好几十本呢！

小学利用班长特权，到每个同学家作客（其实是为了借书！）

回想我读小学时，物质还很匮乏，书算是很珍贵稀有的，即便我们到旧书摊买残缺不全的便宜旧书（真的，当时旧书摊的书不是缺封面就是会掉内页），买得起的数量还是非常有限，根本填塞不了我的阅读胃口。当时图书馆很少，藏书其实也不多，距离住家又非常远，一次也只能借两本书，往往去一趟图书馆折腾半天借回家，没多久就看完了，实在划不来。

幸好小学时我功课很好，一直当班长，当年当班长还蛮有威严的，于是就利用班长的“权威”与头衔，到每个同学家做客，同学的家人都很欢迎我，希望他们的孩子能跟我这个好学生在一起。其实，我每次去同学家的主要目的是去看他们家有哪些课外书，然后就花一点时间帮同学把书重新排列，分成两堆，一边是我已经看过的，另一边是我没有看过的，然后就吩咐那些同学每天带五本书到学校借我，同时我也将前一天看完的五本书还给他。

等到一个同学家的书全都被我看完了，我再到另外一个同学家作客。就这个样子，两年不到，等到全班同学家都去过后，刚好是升年级换新班级时，换了一批新同学，我又可以重新如法炮制，甚至换到其他班的同学也会跟我介绍他们班上的同学，带我去他们家借书。

初中时怂恿同学买书（其实也是为了我想看书！）

到了中学时，开始流行武侠小说，古龙、金庸的小说一套一套的，我当然买不起，图书馆也借不到（当年图书馆不可能购藏这类的小说），我就怂恿有钱人家的同学去买，好玩的是，有些同学买了之后不敢带回家，就摆放在我这里。

想当年要借到一本好看的书得费许多心力，哪像现在成堆的好书摆在孩子面前，他们都还不见得愿意拨出时间看呢！

高中、大学、当兵就像个吃书的人（看再多书也没有饱足的一天！）

等到上了高中，建中是个卧虎藏龙的地方，因为开放的学风，所以有许多精彩的人物各自追求自己的兴趣，从那些同学的涉猎里，知道了自己的不足，也激励了自己往许多以前未曾接触的领域去探索。一直到大学，我就像是一个饿坏肚子的人进入吃到饱的餐厅一样，总嫌肚子不够大，一方面参加许多社团尽兴地玩，一方面又发现世界有那么多精彩的学问吸引我，只怨恨自己一天二十四小时不够用。

大学时因为常到图书馆借书还书，跟几位图书馆小姐混得很熟，她们建议我干脆当图书馆的工读生，还有工读金可以领。那些工读金就成了我的购书基金，毕业搬离宿舍前，我将所买的数百本课外书全部捐回图书馆，那些工读金就算是我帮图书馆选购的书费了。

大学毕业后到马祖服役，运气不错，分发到马祖地区最大的军医院当医官，在军官宿舍里有自己的书桌与书架。戒严时期，在外岛当预官一年只能返台探亲一次，除了早晚点名看诊及偶尔的出操野战训练，其实空闲时间非常多，没有什么值得操心牵挂的事，或必须烦恼耗费大脑精力的任务，这一年又九个月完完整整的日子，整天看书、看海、看云，真是一生很难再有的享受啊！

开业后，将诊所打造成小区图书馆（终于有买书的正当理由）

退伍回到台湾，进大医院工作几年后自己开业，因为诊所空间蛮大的，就打算顺便开一个小区图书馆，表面上是可以推广阅读，服务小区，但实际上可以解除家里面满溢而出的书，解除常常被太太叨念的烦恼，同时也可以名正言顺地买书。

因为开图书馆，总得有固定预算买新书，不然开业之前每次买书都得偷偷摸摸的，每当老婆念说："家里到处都堆满书了，你还买书！"我只能故作无辜状说："我哪有！这本是好久好久以前买的旧书！"

从书海中看到心所向往之处＝找到人生价值与方向

长大后，买书的钱不是问题后，对于拥有一本书反而没有太多感觉，记得小时候想买书，就得期待很久，存够钱才能买到一本属于自己的书，书拿到手都会兴奋得好几天没办法好好睡，会翻来覆去地欣赏。

因为书看得不少，从任何一本书中也都有或多或少的收获，自己的价值观或观看世界的方法，也一点一滴地逐渐累积。

我最怕有人问我："你最喜欢哪一本书？""哪一本书对你影响最大？"因为我想不起来，也无法只指出某几本书说："就是它们塑造成今天的我。"

不过倒是有两本小时候非常喜欢看也一直留在我身边的童书，冥冥中与我这几十年的生命历程相合。一本是《十五少年漂流记》，描述一群少年因意外漂流到小岛，一起分工合作解决困境的求生冒险故事。

另一本是《樱桃园》，水牛出版社发行，内容是英国伦敦四个兄弟姐妹，因为身体虚弱，爸妈就把他们送到住乡下的叔叔家调养身体。他们碰到一个住在山里的野人，野人带着这四个小朋友探索自然，获得许多课本学不到的珍贵知识，也让身心更强壮了！

不知道是不是《十五少年漂流记》及《樱桃园》的影响，我向往一群好朋友一起冒险，共同努力的情谊，参加童军团，组织荒野保护协会，带领孩子走进大自然，不就是这两本书的主题吗？

有人说，小说可以让我们从虚构出来的故事中，寻找到自己真实人生的价值与方向。

当我们喜欢一本小说，崇拜书中的主角或厌恶故事里的某个角色时，这种爱憎分明的情绪，就在无形中影响与建构我们的价值观了。

总觉得欠书一份情，推广阅读、推荐好书成了义不容辞的使命！

这几十年来，我一直是个好奇也是个爱玩的人，参加许多社团，在不务正业的事务上耗费了许多心力，兴趣或关注的主题随着生命历程而转移，但是始终没有改变的是我对阅读的热情。

阅读使我们对身处的世界保持“又即又离”“既出世又入世”的态度。因为书，我愿意投入红尘奉献心力；也因为书，我也可以逃回精神心灵的世界，与世无争，自得其乐。

我很庆幸从小有机会体会到阅读的乐趣，从此不管世界如何变化，遭遇幸或不幸的事情，都能保持平静喜悦之心，因此怀抱着野人献曝之心，想让大家也能进入书中美好的世界，因此，这些年我最快乐的事就是担任各种图书奖项的评审委员，同时即便再忙再累，只要有机会，也会尽量抽空帮忙推荐各种好书，因为我觉得这一辈子我受益于书太多了，总觉得欠书一份情。

从阅读中所获得的快乐，真的远远超过这一切人世间一般人所追求的价值。

也因为充分享受到阅读的乐趣，所以我不在乎物质世界的口腹之欲或名利虚幻的追求（比如吃什么、穿什么、用什么，别人对我有什么看法……），只要每天有几个小时时间可以在书海里悠游，吾愿已足。

以前，很难表达出这样的感受，因此看到作家伍尔芙在《普通读者》一书中的描述，让我心有戚戚焉，感动到无法自已。

“……我往往梦见在最后审判那天，那些伟人，那些行善之人，都来领取皇冠、桂冠或永留青史的荣耀等奖赏的时候，万能的上帝看见我们腋下夹着书走近，便转过身，很羡慕地对着圣彼得说：‘等等，这些人不需要奖赏。我们这里没有任何东西可以给他。他们一生爱读书。’”

跋

一场意外的生命之旅！

——李伟文

“女儿是爸爸前辈子的情人”，我相信每个当父亲的人，大概不会否认这句话，看到余光中所写的《我的四个假想敌》应该也会浮起会心的微笑：“对父亲而言，世上再没有比稚龄的女儿更完美的了，唯一的缺点就是会长大，即使你想用急冻术把她久藏，她男友也会骑着骏马或摩托车来把她吻醒。”

如同天下所有的父亲，我给予女儿我所能给的照顾与关心，但是却也多了一丝好奇，偷偷探察这两个与我截然不同的生物。

2008年在她们小学毕业前，我出版了观察报告《教养可以这么浪漫》，想不到引起非常大的回响，除了获得各种奖项与推荐之外，还是当年度台湾各大销售成绩与排名榜前几名，这使得我除了有牙医师与环保志工的身份，又多个教养专家的头衔。

以往十多年，我演讲的题目大多是“生态保育”“环境保护”或“非营利组织发展”。自2008年以后，有关教养主题的邀约急速增加，包括报章杂志专栏，这也使得我得更加仔细地以身边这两个“小生物”为蓝本，去思索、记录孩子与家长的互动，这一本《阅读是最浪漫的教养》是这三年多来的成果。

记得好几年前，有位朋友曾经跟我说：“做你的孩子真好！”当时我颇不以为然地说：“有吗？孩子从出生到现在，身上穿的衣服90%是跟别人要来的二手衣，而且我们从来没有买过玩具给她们，从小到大，所有礼物就是书，只有书，我们也从来不曾请她们吃过大餐，总之，我们几乎没有花钱在她们身上，这样可以说很好命吗？”

说真的，我们是有点刻意地在她们的成长过程用最大众化，或者完全不花钱的方式来教养。读的是公立小学、中学，家里没有保姆，也没有长辈帮忙，我跟我太太都要上班，即便如此，我还是相信只利用公共资源以及最便宜的工具，应该就可以达到我们理想中的教养模式。

我也相信，只要有心，每个父母亲应该都可以使用我们的方法，不必花太多钱，也不必花太多时间，我更认为绝对不必是一个高学历高收入的父母亲才有能力给孩子理想中的教育资源，即便在此时此刻的台湾，我们也可以做得到。

我利用的主要方法，假日课余参加公益团体，多利用公共资源（如图书馆、文化中心或公园等），平日在家通过阅读、看电影，亲子一起学习与成长。

只要懂得利用，这些工具的效果真的非常好，这本书就是提供给大家参考的例子。

其实从小学中高年级到现在，还有一项工具我还没有介绍，那就是“日剧”。全家一起看日剧一直是我们温馨快乐的幸福时光，我也通过日剧，传递给孩子许多价值观与达成许多教养的目标。

这几年有机会就会推荐一些日剧给身边的朋友，也想把亲子共赏的感动写下来，可惜一方面因为工程浩大（我必须把想推荐的三十多部日剧重看一遍），另一方面这些年事情也真的多，不过内心一直记挂着这件事，因为我们全家从日剧里获得太多，这些美好若没有分享出来，内心总是有点亏欠不安的感觉。

因此，我想我总会提笔的，在不久的将来吧……

附录

书

给孩子的浪漫生活清单

《爱·生活与学习》
《九路公交车》
《筑梦的手纸屋》
《圆梦的手纸屋》
《亲爱的安德烈》
《牧羊少年奇幻之旅》
《希腊三部曲》
《现代方舟25年》
《如果能长大该多好》
《异类》
《拒绝联考的小子》
《陪你走中国》
《看不见的大猩猩》
《郎朗：我用钢琴改变世界》
《盖茨是这样培养的》
《我们没疯，一起回到1900年生活吧！》
《人生一定要有的八个朋友》
《汤姆·索亚历险记》
《小王子》
《波西．杰克逊》
《西游记》
《封神榜》
《一条简单的道路》
《爱的喜乐》
《陈树菊：不凡的慷慨》
《三杯茶》
《石头变学校》
《在天涯的尽头，归零》
《亲爱的小王子》

《旅行箱的故事》

《我们——走进青海、新疆、甘肃充满爱的角落》

《失去非洲的犀牛》

《追猎蓝色巴尔干》

《秘密》

《手斧男孩》

《星星婆婆的雪鞋》

《教育应该不一样》

《做自己与别人生命中的天使》

《总裁狮子心》

《御风而上》

《1984》

《认识隐私》

《发痒的天赋》

《红楼梦》

《狄公案》

《福尔摩斯》

《时间的女儿》

《昆虫侦探》

《生态小侦探》

《纳米猎杀》

《危机当前》

《守护 4141 个心跳》

《小孤岛大医生》

《汪洋中的一条船》

《人生不设限》

《最美的奉献》

《五体不满足完全版》

《看着我的眼睛》

《星期三是蓝色的》

《运动改造大脑》

《一次读完论语最精华的智慧》

《孔子的生活智慧》

《论语别裁》

《我是宋朝人》

《宋词是一朵情花》

《最美不过诗经》

《隋乱》

《开国功贼》

《最风流醉唐诗》

《明朝那些事儿》

《最是元曲销魂》

《没有我们的世界》

《从摇篮到摇篮》

《群》

《塑料：有毒的爱情故事》

《失控的进步》

《好城市，怎样都要住下了！》

电影

《春风化雨》

《芭贝特之宴》

《交响情人梦最终乐章》

《深夜加油站遇见苏格拉底》

《喜宴》

《和你在一起》

《多桑》

《小孩不笨》

《幸福的三丁目》

《艋舺》

《投名状》

《梁山伯与祝英台》

《北非谍影》

《国王与我》

《狐狸与我》

《德蕾莎修女》

《香料帝国》

《屋顶上的小提琴手》

《大特写》

《摩登时代》

《恶魔教室》

《美丽人生》

《为爱活下去》

《楢山节考》

《正负2度C》

《百战天龙》

《英雄教育》

《楚门的世界》

《全民公敌》

《王牌大骗子》

《穿着PRADA的恶魔》

《狄仁杰之通天帝国》

《心灵点滴》

《急诊室的春天》

《力克·胡哲演讲》

《贺特二人组》

《马拉松小子》

《孔子》

《人类消失后：重生的地球》

《瓦力》

日剧

《东大特训班》

《甜心小厨师》

《医龙》

《父女七日变》

《交响情人梦》

《Code Blue 救护直升机医生》

《考试之神》

《司法研习八人组》

《顶级女主播》

《救命病栋24小时》

《Mr. Brain 脑科学先生》

音乐

《樱花》（森山直太朗）

民歌三十年演唱会

As Time Goes By

Shall We Dance

《或许爱》

五月天

披头士

ABBA 合唱团

古典音乐